Oliver P. Mildenberger
Immobilienfinanzierung leicht gemacht

Oliver P. Mildenberger

Immobilienfinanzierung leicht gemacht

Expertenwissen und Praxistipps für Selbstnutzer

Mentoren-Media-Verlag

Bibliografische Information der Deutschen Nationalbibliothek
Die Deutsche Nationalbibliothek verzeichnet diese Publikation in der Deutschen Nationalbibliografie; detaillierte bibliografische Daten sind im Internet über http://dnb.d-nb.de abrufbar.

1. Auflage

Königsberger Str. 16, 55218 Ingelheim am Rhein

Lektorat : Deniz S. Özdemir, Mainz
Korrektorat: Sarah Küper, Mainz
Umschlaggestaltung: Nadine Nagel, Mainz
Satz und Layout: Deniz S. Özdemir, Mainz
Autorenfoto: AIDA Fotowelt
Druck und Bindung: MCP, Marki, Polen

ISBN: 978-3-98641-079-7

www.mentoren-verlag.de

Inhaltsverzeichnis

Vorwort des Autors 7

Vorwort Prof. Dr. Bernd W. Klöckner 9

Einleitung 11

Kapitel 1
Aktuelle Entwicklungen und Trends in der Immobilienfinanzierung 19

Kapital 2
Auf dem Weg in die eigenen 4 Wände 25

Kapitel 3
Anfallende Kosten: Wie Sie den Gesamtbetrag für die Investition berechnen 47

Kapitel 4
Wie finde ich die richtige Immobilie? 51

Kapitel 5
Die »Finanzierung auf Probe« 59

Kapitel 6
Vorbereitungen zur Finanzierungsberatung 63

Kapital 7
Die SCHUFA 81

Kapitel 8
Das Finanzierungsgespräch 87

Kapitel 9
Der Markt für Baufinanzierungen – so kommen Sie an die optimale Finanzierungslösung 93

Kapitel 10
Finanzierungsformen – welche Baufinanzierung ist für mich die Richtige? 101

Kapitel 11
Wichtige Finanzierungspräferenzen und Bestandteile 113

Kapitel 12
Staatliche Förderung 123

Kapitel 13
Die zehn häufigsten Fehler bei der Baufinanzierung 131

Kapitel 14
Der Immobilienkauf und die Übergabe 143

Kapitel 15
Notwendige Versicherungen im Rahmen der Baufinanzierung 147

Kapitel 16
Aus Krediten aussteigen 153

Kapitel 17
Wie erhalte ich den Wert meiner Immobilie? 159

Kapital 18
Wie verkaufe ich meine Immobilie erfolgreich? 165

Kapital 19
Was tun, wenn es unvorhergesehen finanziell eng wird? 169

Kapitel 20
Was zeichnet einen guten Baufinanzierungsberater aus? 173

Fazit 177

Anhang 179

Vorwort des Autors

Viele Menschen träumen von der eigenen Immobilie und möchten für sich und ihre Familie ein eigenes Zuhause schaffen. Durch das niedrige Zinsniveau der letzten Jahre war das oft möglich, und zwar ohne eine allzu hohe Mehrbelastung als mit der bisher zu zahlenden Kaltmiete. Dann kam es jedoch zu drastischen Änderungen bei der Zinsentwicklung für Immobilienkredite: Das Jahr 2022 war eines der aufregendsten und turbulentesten Jahre in der Immobilienfinanzierung (für die Aufnahme eines Kredits zum Erwerb einer Immobilie oder eines Grundstücks wird auch der Begriff Baufinanzierung synonymisch verwendet) seit Jahrzehnten. Obwohl ich bereits über 20 Jahre als Baufinanzierungsspezialist tätig bin, war auch ich, wie viele meiner Kunden und Kollegen, von den Ereignissen überrascht. Innerhalb kürzester Zeit haben wir gravierende Veränderungen in der Immobilienwirtschaft erlebt. Die Zinsen, die viele Jahre lang als Ergebnis einer »Nullzins-Politik« auf niedrigem Niveau stagnierten, sind in wenigen Monaten von unter einem Prozent auf über vier Prozent angestiegen. Das hat zu großer Verunsicherung am Markt geführt und das Baufinanzierungsvolumen ist drastisch eingebrochen. Unter den Kunden war eine große Verunsicherung zu spüren und die Nachfrage nach den eigenen vier Wänden entwickelte sich stark rückläufig.

In Krisen entstehen auch die größten Chancen; so war für mich der ideale Zeitpunkt gekommen, ein Buch über meine berufliche Leidenschaft, die **Immobilienfinanzierung** zu schreiben. Ich möchte einen Beitrag dazu leisten, möglichst vielen Menschen die Unsicherheit und Ängste zu nehmen, sodass sie sich den Traum von den eigenen vier Wänden auch in der jetzigen Marktphase und in Zukunft verwirklichen können. Es sind nun sicherlich Kompromisse bei der Größe der Immobilie oder dem Standort notwendig, aber der Wunsch nach Wohneigentum wird nach wie vor für viele

Menschen eine hohe Priorität haben. Einerseits, um die Lebensqualität zu steigern, andererseits, um nach dem aktiven Berufsleben möglichst in einer abgezahlten Immobilie zu leben. So soll auch Ihnen diese Lektüre helfen und Sie mit praxiserprobten Tipps auf dem Weg dahin versorgen.

Wenn Sie sich die Zeit nehmen und dieses Buch durcharbeiten, werden Sie auf jeden Fall über das notwendige Wissen verfügen, um die vielleicht wichtigste finanzielle Entscheidung in Ihrem Leben zu treffen und um im Gespräch mit der Bank oder einem Finanzierungsvermittler eine für Sie wesentlich bessere Verhandlungsposition zu Ihrem Gegenüber aufzubauen. Sie werden Fragen viel gezielter stellen können und Ihnen wird ebenso möglich sein, Ihrem Gesprächspartner zu vermitteln, dass Sie sich mit der Materie auseinandergesetzt haben. Dies wird Ihnen Ihr Berater positiv auslegen und in den meisten Fällen wird das auch zu einem ganz anderen und qualitativ hochwertigerem Ergebnis führen. Außerdem verleiht es Ihnen bei der vermutlich größten Investition Ihres Lebens ein besseres Gefühl. Ich wünsche Ihnen auf jeden Fall viel Spaß beim Lesen und darüber hinaus, dass Sie sich schon bald den »Traum von den eigenen vier Wänden« verwirklichen können.

Oliver P. Mildenberger / Wiesbaden, im März 2023
Diplom-Kaufmann & Bankkaufmann

Vorwort Prof. Dr. Bernd W. Klöckner

Die Finanzierung einer Immobilie muss gut geplant sein und unabhängiger Rat kann helfen, Tausende bis Zehntausende Euro zu sparen. Die Hausbank sollte angefragt werden – und gerade dann ist es wichtig, sich zusätzlich unabhängig zu informieren. Eine falsche oder zu teure Finanzierung kann zu heftigen Konsequenzen führen. Gute Beratung ist umso wichtiger und vor allem sollten gute Berater auch eine gewisse Expertise und Erfahrung mitbringen, weil diese notwendig für gute und erfolgreiche Konzeptionen sind. Denn es ist immer die bessere Konzeption, die gewinnt. Und diese bessere Konzeption kann nach meiner Erfahrung von 38 Jahren derjenige bieten, der sich am Markt auskennt und unter den verschiedenen Bausteinen, die es gibt, präzise wählen kann.

Das Buch *Immobilienfinanzierung leicht gemacht* bietet einen perfekten Einstieg für Menschen, die sich zum ersten Mal mit dem Thema *Immobilienfinanzierung* beschäftigen: Starke Gliederung. Für den Erfolg essenzielle Details. Dazu ein erfrischender Stil. Ein gelungenes, ehrliches Expertenbuch. Oliver Mildenberger beweist, dass ein Ratgeber auch großartig sein kann. Die Leser gewinnen, weil der Autor gelungen konkret auf den Punkt kommt.

Prof. Dr. Bernd W. Klöckner / Teneriffa, im April 2023
Professor in Finance & Leadership, www.drkloeckner.com

Übersicht zu diesem Kapitel:

Persönliche Vorstellung des Autors

Seite 11

Warum Sie dieses Buch unbedingt lesen sollten

Seite 13

Einleitung

Persönliche Vorstellung des Autors

Ich möchte die Gelegenheit nutzen und mich Ihnen am Anfang des Buches kurz vorstellen, denn Sie fragen sich vielleicht, was mich dazu befähigt, Ihnen Informationen und Tipps zur Baufinanzierung zu geben. Daher zu Beginn ein paar Zeilen zu mir: Während meiner Bankausbildung bei der *Dresdner Bank AG* im Jahr 1991 kam ich zum ersten Mal mit dem Thema *Immobilienfinanzierung* in Berührung. Bereits damals faszinierte mich, mit wie viel Freude und Begeisterung die Kunden bei meinem Ausbilder saßen und über die Pläne und Grundrisse des neuen Zuhauses sprachen. In diesen Momenten wurde mir zum ersten Mal bewusst, dass die eigene Immobilie für viele Menschen ein großer Lebenstraum ist. Und es war jedes Mal eine Freude zu sehen, wie sich deren Vorhaben nach und nach verwirklichten.

Nach der erfolgreich abgeschlossenen Banklehre folgte dann ein Studium der Betriebswirtschaftslehre an der Universität Trier. Nach dem Studium eignete ich mir in Luxemburg auch erste Erfahrungen in der Wertpapierberatung an. Allerdings wurde mir schnell klar, dass mich die Immobilienbranche deutlich mehr fasziniert und ich so die Möglichkeit habe, die Kunden über viele Jahre hinweg bei der Verwirklichung eines Lebenstraumes zu begleiten. Daher war es auch naheliegend, dass ich mich im Jahr 2002 dann beruflich für das Thema *Baufinanzierung* entschied.

Ich begann meine berufliche Laufbahn bei der *BHW-Bausparkasse* und erlernte hier die Immobilienfinanzierung von Grund auf. Ich hatte das große Glück, einen erfahrenen Mentor kennenzulernen, der in mir die Begeisterung für die Immobilienwirtschaft und die Baufinanzierung schnell weiter entfachen konnte. Norbert Östreicher, ehemals ein erfolgreicher Bezirksdirektor der *BHW Bausparkasse AG*, war nicht nur menschlich ein Vorbild, sondern auch fachlich ein absoluter Profi mit herausragendem Fachwissen in der Immobilienfinanzierung. Von ihm erhielt ich etliche wertvolle Beratungsansätze und Praxistipps, die danach vielen meiner Kunden zugutekamen.

Nach vielen erfolgreichen Jahren im Konzern der *Deutschen Bank / Postbank* war mir zunehmend wichtig, die Kunden **bankenunabhängig** beraten zu können. Im Zeitalter des Internets wurde es für die Kunden immer leichter, auch die Konditionen anderer Banken einzusehen und über Internetportale erste Angebote einzuholen. Daher war es für mich nur logisch, diesen Schritt zu gehen. Heute bin ich sehr froh, dies im Konzern der *Dr. Klein Privatkunden AG* tun zu können. *Dr. Klein* ist in Deutschland der größte ungebundene Vermittler für Immobilienfinanzierungen, d. h. keine Bank oder Versicherung ist am Konzern beteiligt. So hat sich für mich der Kreis geschlossen und ich kann unter mehr als 600 Banken für meine Kunden das jeweils attraktivste Angebot auswählen. In über 20 Jahren konnte ich so Hunderte Familien, Singles und auch oft schon die zweite Generation meiner Kunden auf dem Weg zur eigenen Immobilie unterstützen. Das in über 20 Jahren gesammelte Erfahrungswissen und die vielen Fragen meiner Kunden geben mir daher nun die Möglichkeit, Ihnen als Leser dieses Ratgebers eine Hilfe bei der Planung Ihrer eigenen Finanzierung an die Hand geben zu können.

Ganz ohne Theorie kommen wir jedoch auch in diesem Buch nicht aus, wenn ich Ihnen beispielsweise die verschiedenen Arten von Hypothekendarlehen oder notwendige Versicherungen im Zusammenhang mit einer Finanzierung beschreibe. Ein Schwerpunkt soll insbesondere auch auf hilfreichen Tipps aus meinem langjährigen Beratungsalltag liegen, sodass Sie als Bonus **55 bewährte Praxistipps** erhalten, damit Sie einen maximalen Nutzen aus der Lektüre herausholen können.

Warum Sie dieses Buch unbedingt lesen sollten

Sie haben sich dazu entschieden, eine Immobilie zu finanzieren und möchten sich hierzu in die Thematik der Baufinanzierung einlesen? Herzlichen Glückwunsch, damit bringen Sie sich in eine ideale Ausgangsposition für die kommenden Schritte.

Leider kann ich Sie in diesem Ratgeber nicht zum Finanzierungsexperten und Immobilienprofi ausbilden. Das soll aber auch gar nicht der Anspruch sein. Vielmehr möchte ich Ihnen vorbereitend zum ersten Finanzierungsgespräch Ihres Lebens ein kompaktes **Basiswissen** vermitteln. Sehen Sie die Lektüre des Buches als Crashkurs zu den anstehenden Gesprächen mit der Bank oder einem Finanzierungsvermittler. Im Vordergrund stehen immer die Praxis und Einfachheit, um möglichst viele Menschen, die sich zum ersten Mal mit dem Thema *Immobilienfinanzierung* beschäftigen, zu erreichen. Mein größtes Anliegen ist dabei, Ihnen die relevanten Themen und Zusammenhänge der Immobilienfinanzierung so einfach wie möglich zu erklären. Ich möchte Ihnen Wissen und Tipps aus der Praxis vermitteln, mit dem Ziel, Sie mit dem Thema besser vertraut zu machen, damit Sie am Ende einen bestmöglichen Nutzen beim Abschluss Ihrer eigenen Baufinanzierung ziehen können.

Dieses Buch ist eher ein »erzählender Ratgeber«, eine »wandelnde Checkliste« für Menschen, die einen ersten großen Schritt in Richtung Eigentum und der häufig alles entscheidenden Baufinanzierung gehen wollen. Es ist *kein* Buch für Immobilienfinanzierungsprofis und auch kein trockener Ratgeber mit einer Vielzahl an Tabellen oder Berechnungen. Solche Ratgeber finden Sie bereits in einer Vielzahl auf dem Büchermarkt. Wenn Sie beim Lesen des Buches verspüren, sich weiter und tiefergehender mit der Materie beschäftigen zu wollen, finden Sie am Ende des Buches im Anhang noch eine Auflistung einiger Bücher sowie eine Sammlung von hilfreichen Webseiten, Finanzierungsportalen und Tools, die ich Ihnen hierzu empfehlen kann. Sollte das der Fall sein, dann hätte ich ein großes Ziel mit dem Schreiben dieses Ratgebers erreicht. Ich hoffe, Sie finden Gefallen am Thema und Ihnen wird klar, dass Sie unter Umständen viel Geld sparen können, wenn Sie die Strategien und Tipps umsetzen. Aber auch wenn Sie lediglich die eine oder andere der hier vorgestellten Möglichkeiten umsetzen, ist schon viel gewonnen im Hinblick auf eine für Sie bessere Vorbereitung und Finanzierungslösung.

Hinweis:
Ich wähle beim Schreiben auch bewusst einen etwas anderen Weg, um die trockene Materie der Immobilienfinanzierung etwas aufzulockern: Sie als Leser begleiten im Buch meine sympathischen Kunden Anna und Paul, die sich den Traum von den eigenen vier Wänden verwirklichen möchten. Die beiden haben eine ganze Menge an Fragen und gemeinsam begleiten wir sie auf ihrem Weg. Vielleicht kann sich der ein oder andere Leser mit den beiden identifizieren, denn die Fragen und aufgezeigten Lösungen sind mit Sicherheit für die meisten Kunden ohne Vorwissen von Bedeutung.

Praxistipp 1:
Sie finden im kompletten Verlauf des Buches immer wieder konkrete Tipps und Handlungsempfehlungen, auf die es in der Praxis zu achten gilt. Meistens sind es entweder Fragen, die immer wieder im Laufe meiner Beratungen von Bedeutung waren, oder hilfreiche Hinweise, die Ihnen einen besonderen Nutzen bringen, sofern Sie darauf achten.

Außerdem werden alle Neuigkeiten und Ergänzungen zum Buch auf meiner eigenen Buchwebseite veröffentlicht. Schauen Sie daher immer mal wieder hier vorbei:

www.immobilienfinanzierungleichtgemacht.de

Nun wünsche ich Ihnen viel Spaß beim Lesen verbunden mit einer großen Bitte vorab: Ich möchte Ihnen mit diesem Buch wie erwähnt **Mehrwerte** bieten. Zum einen gebe ich Ihnen eine Vielzahl an Praxistipps und Antworten auf Fragen, die im Laufe der Jahre immer wieder von Kunden gestellt wurden, wie gerade im Abschnitt zuvor erläutert. Der aus meiner Sicht größte Mehrwert für Sie als Leser ist allerdings folgender: Wann immer Sie eine Frage zum Thema *Immobilienfinanzierung* haben oder sich beim Lesen des Buches eine Verständnisfrage ergibt, nutzen Sie gerne die Möglichkeit, mir eine Mail zu schreiben oder mich anzurufen.

Mein Versprechen ist, dass ich Ihnen in jedem Fall komplett kostenfrei weiterhelfe und Ihnen alle Fragen beantworten werde. Entweder per Mail, Telefon oder, wenn es etwas komplexer ist, gerne auch mittels einer Online-Videobesprechung oder persönlich bei mir im Büro. Denn nur wenn Sie das Gefühl haben, auch auf Fragen, die sich für Sie nach dem Lesen des Buches noch nicht vollständig geklärt haben, eine befriedigende Antwort zu erhalten, ist für mich das Ziel meines Projektes in Form dieses Ratgebers erreicht. Genauso wie ich es immer vermeide, dass meine Kunden nach der Beratung mit noch offenen Fragen das Gespräch verlassen, ist es mir ebenso wichtig, dass auch Sie als Leser bestens vorbereitet in Ihre erste Finanzierungsberatung gehen. Daher hier vorab noch meine Kontaktdaten:

E-Mail-Adresse:	bauficoaching@outlook.de
Telefonnummer:	+49 (0) 170 / 249 21 24
Homepage:	www.bauficoaching.de

Nutzen Sie aktiv die Möglichkeit der Kontaktaufnahme. Es wäre mir eine große Freude. Selbstverständlich freue ich mich auch immer über ein Feedback.

Hinweis:
Aus Gründen der besseren Lesbarkeit wird in diesem Buch bei Personenbezeichnungen und personenbezogenen Hauptwörtern die männliche Form (das generische Maskulinum) verwendet. Sämtliche Angaben beziehen sich jedoch selbstverständlich auf Angehörige aller Geschlechter.

Übersicht zu diesem Kapitel:

Aktuelle Entwicklungen bei den Bauzinsen
Seite 19

Preisentwicklung bei Immobilien
Seite 21

Klimaneutralität bis 2045 –
Herausforderungen für die Wohnungswirtschaft
Seite 21

Kapitel 1
Aktuelle Entwicklungen und Trends in der Immobilienfinanzierung

Aktuelle Entwicklungen bei den Bauzinsen

Zu Beginn möchte ich auf einige generelle und aktuelle Entwicklungen, Trends und Änderungen im Bereich der Immobilienfinanzierung im Hinblick auf die Zinsentwicklung sowie die ökologischen Forderungen und Pläne der Politik eingehen. Auch bei der Preisentwicklung von Immobilien aufgrund der gesunkenen Nachfrage sind spürbare Änderungen eingetreten. Wenn Sie den Entschluss gefasst haben, eine Immobilie zu bauen oder zu erwerben, sind Ihnen einige dieser Entwicklungen, insbesondere die drastisch gestiegenen Zinsen für Baufinanzierungskredite, bestimmt durch die Meldungen in Presse und Fernsehen nicht verborgen geblieben.

Die Entwicklungen auf dem Markt der Immobilienwirtschaft und die damit einhergehende Nachfrage nach Baufinanzierungsdarlehen im Jahr 2022 war einschneidend, denn die Unsicherheit bei Kunden, Banken, Maklern und Hausverkäufern war groß, als die viele Jahre andauernde Phase niedriger Bauzinsen zu Ende ging.

Aktuelle Zinsentwicklung

Seit Beginn des Jahres 2022 sind die Baufinanzierungszinsen im Schnitt um 2,5 bis 3,0 Prozentpunkte gestiegen. Sie betragen zum Zeitpunkt der Manuskripterstellung dieses Buches im Frühjahr 2023 je nach Höhe des Kreditrahmens und des eingebrachten Eigenkapitals – mit einzelnen Ausreißern in beide Richtungen – im Durchschnitt 3,5 bis 4,0 Prozent effektiv. Dieser Zuwachs ist weitestgehend unabhängig von der Laufzeit der Darlehen beziehungsweise ihrer Zinsbindungsfrist. Das Neugeschäft deutscher Banken mit Immobiliendarlehen an Privathaushalte und Selbständige sank im Jahr 2022 bis heute um ca. 20 bis 30 Prozent je nach

Betrachtungszeitraum und Region. Solch massive Änderungen in so kurzer Zeit gab es bisher historisch gesehen noch niemals in der Immobilienwirtschaft.

Krieg, Inflation und Kapitalpuffer beeinflussen die Entwicklung der aktuellen Bauzinsen

Auslöser der Zinswende war und ist die stark zunehmende Inflationsrate. Einer der am häufigsten genannten Gründe für den massiven Anstieg der Preise – vor allem für Rohstoffe und Energie – ist der anhaltende Krieg in Osteuropa, beginnend mit dem Einmarsch russischer Verbände in die Ukraine im Februar 2022. Eingesetzt hatte der Preisanstieg jedoch schon bereits im vorigen Jahr während der Corona-Pandemie, ausgelöst durch die damit verbundenen Kostensteigerungen bei Baumaterialien und Lebensmitteln. Die Störung der Lieferketten in unserer stark arbeitsteiligen Wirtschaft hat ebenfalls dazu beigetragen. Im November 2022 lag die Teuerungsrate in Deutschland bei ca. zehn Prozent, ein Höchststand seit Jahrzehnten. Das ist weit über dem Zielwert der *Europäischen Zentralbank* (EZB) von zwei Prozent.[1]

Einige Prognosen sagen voraus, dass die Bauzinsen langfristig weiter steigen werden, zumindest die nächsten ein bis zwei Jahre. Vorgaben der Finanzaufsicht könnten ebenfalls zu weiter steigenden Zinsen führen, denn die Banken und Sparkassen sind verpflichtet, zusätzliche Kapitalpuffer für Immobilienfinanzierungen anzulegen. Als Begründung dafür verweist die BAFIN (*Bundesanstalt für Finanzdienstleistungsaufsicht*) auf eine drohende Überhitzung des Immobilienmarktes.[2]

---

1 Vgl. https://www.destatis.de/DE/Presse/Pressemitteilungen/2022/12/PD22_529_611.html; besucht am 30.4.2023.

2 Vgl. https://www.handelsblatt.com/finanzen/banken-versicherungen/banken/kapitalpuffer-banken-muessen-mehr-kapital-fuer-moegliche-risiken-auf-die-seite-legen/28025216.html; besucht am 23.1.2023.

Preisentwicklung bei Immobilien

Seit Jahren steigen die Preise für Bestandsimmobilien, also existierende Wohnungen und Häuser, ebenso wie für Neubauten. Derzeit ist ein leichter Rückgang der Immobilienpreise zu beobachten, bedingt durch die stark zurückgegangene Nachfrage aufgrund der oben beschriebenen Zinsentwicklung. Wie lange dieser Trend anhält, ist schwer zu prognostizieren. Die meisten Experten gehen davon aus, dass sich Immobilien langfristig wieder im Wert nach oben entwickeln. Daher können die aktuell rückläufigen Immobilienpreise, insbesondere in etwas ländlicher geprägten Gegenden außerhalb der Ballungsgebiete, eine Chance für Käufer bieten. In manchen Regionen sind Preisabschläge gegenüber den Vorjahren in Höhe von bis zu 30 Prozent zu beobachten. Entgegengesetzt verhält es sich bei den Kosten für Handwerker, auch Baumaterialien sind bisher steigend in der Preisentwicklung. Daher ergeben sich bei Bestandsimmobilien momentan bessere Optionen als im Neubaubereich. Generell ist aufgrund der noch anhaltend hohen Inflation davon auszugehen, dass die Preise in allen Bereichen in den kommenden Monaten und Jahren weiter steigen werden.

Klimaneutralität bis 2045 – Herausforderungen für die Wohnungswirtschaft

Bis 2045 will Deutschland klimaneutral werden, so die Zielvorgabe der Bundesregierung. Neue Heizungen sollen ab 2024 überwiegend aus erneuerbaren Energien gespeist werden, d. h. Gas- und Ölheizungen sollen sukzessive durch Wärmepumpentechnologien, Fernwärme Lösungen und erneuerbare Energien ersetzt werden.[3]

Um diese Ziele zu erreichen, gibt es aktuell auch umfangreiche Änderungen im Bereich der Förderung durch den Staat über die KFW-Bank und das BAFA (*Bundesamt für Wirtschaft und*

3 Vgl. https://www.energiewechsel.de//KAENEF/Redaktion/DE/FAQ/GEG/faq-geg.html; besucht am 27.4.2023.

Ausfuhrkontrolle).[4] Sowohl im Neubausegment als auch bei Bestandsimmobilien gibt es neue Förderprogramme. Alle aktuellen Änderungen und Förderungen zu beschreiben, würde den Rahmen dieses Ratgebers sprengen. Dieser Bereich ist immer wieder Anpassungen und Änderungen unterworfen. Daher gehen wir in einem späteren Kapital nur auf einige wichtige grundsätzliche Gedanken zu diesem Thema ein.

Praxistipp 2:
Gerade bei dem Thema *Energie sparen und energetische Sanierung von Gebäuden* ist es in der aktuellen Phase wichtiger denn je, sich umfassend über Förderprogramme zu informieren. Erste kostenfreie Infos erhalten Sie auf der Homepage der KFW inkl. kostenfreier Hotline zur Klärung von Fragen und das Einholen erster Informationen. Wenn Sie in dieser Richtung planen, kontaktieren Sie in jedem Fall einen Energieberater. Nur dieser kennt alle infrage kommenden Förderprogramme und kann mit Ihnen einen individuellen Sanierungsfahrplan erstellen oder bei der Planung von Neubauvorhaben wichtige Impulse geben und die für eine Förderung notwendigen Bescheinigungen erstellen. Auf der Homepage der KFW sind die zertifizierten Energieeffizienz-Experten nach Regionen gelistet.

4 Vgl. https://www.bafa-förderung.de; besucht am 30.4.2023.

Zusammenfassung:

- **Seit Anfang des Jahres 2022 sind die Zinsen für Immobilienkredite stark angestiegen!**

- **Inflation, geopolitische Krisen sowie die Corona-Pandemie sind die Hauptgründe.**

- **Die seit vielen Jahren andauernden Preissteigerungen bei Immobilien haben ihren Höhepunkt überschritten und die Preise fallen momentan teilweise wieder.**

- **Bei Bestandsimmobilien wird es in den nächsten Jahren zu attraktiven Förderungen von Maßnahmen zur Verbesserung der Energieeffizienz kommen. Informieren Sie sich immer zum Zeitpunkt Ihrer Baufinanzierungsanfrage aktuell zu bestehenden Förderprogrammen.**

Übersicht zu diesem Kapitel:

Mieter oder Eigentümer
Seite 25

Budgetanalyse: Ermittlung des finanziellen Spielraums
Seite 29

Neubau oder Bestandsobjekt
Seite 34

Die vermietete Immobilie
Seite 41

Die eigengenutzte Immobilie
Seite 42

Kapital 2

Auf dem Weg in die eigenen 4 Wände

Nach den einführenden Gedanken zu den aktuellen Gegebenheiten in der Immobilienwirtschaft wenden wir uns nun unserem jungen Paar, Anna und Paul, zu und begleiten diese auf ihrem Weg in Richtung erste eigene Immobilie. Die beiden stehen stellvertretend für eine Vielzahl von Paaren und Singles, die ich während meines Berufslebens zum Thema *Immobilienfinanzierung* beraten durfte. Viele Fragen und Themen der beiden sind mit Sicherheit auch die gleichen, die Sie aktuell bzw. auf dem Weg in das eigene Zuhause beschäftigen.

Anna und Paul befassen sich schon länger mit dem Gedanken einer eigenen Immobilie. Für die beiden gibt es mehrere Gründe, weshalb sie diesen Weg gehen möchten. Neben der Tatsache, dass sie im Alter einmal in einer abgezahlten Wohnung bzw. einem abgezahlten Haus leben möchten, hat das Thema *Familienplanung* eine besondere Bedeutung. Denn neben dem erhöhten Platzbedarf möchten die beiden auch einen eigenen kleinen Garten zum Spielen für die Kinder. Die Frage, ob jemand den gleichen Weg gehen möchte oder vielleicht doch lieber in einer gemieteten Immobilie leben will, wird von jedem individuell und teilweise mit komplett anderem Ergebnis beantwortet. Daher soll es zunächst um die Unterschiede der beiden Wohnmöglichkeiten gehen.

Mieter oder Eigentümer?

Ob Mieten oder Kaufen die bessere Lösung aus finanziellen Aspekten heraus ist, hängt vor allem davon ab, wie sich die Immobilienpreise und Mieten sowie die Zinsen für Immobilienkredite entwickeln. Es wäre auch falsch die Behauptung aufzustellen, dass Kaufen immer und in jedem Fall besser ist, als lebenslang zur Miete zu wohnen. Neben den rationalen Gründen spielt auch das

Grundgefühl hinsichtlich der Lebensqualität eine große Rolle. Es ist ein Unterschied, ob man in einer Stadt in einer Großwohnanlage mit Hundert und mehr Mietern unter einem Dach lebt oder ein eigenes kleines Haus im Grünen sein Eigen nennt. Während Wohnungseigentümer häufig mit dem oftmals hohen Hausgeld für die Instandhaltung einer Immobilie hadern, bemängeln Mieter die zu hohen Nebenkosten, nicht durchgeführte Reparaturen und/oder steigende Mieten. Andererseits stellen beide Gruppen – Mieter und Eigentümer – gern nur die Vorteile, die ihre Position mit sich bringt, in den Vordergrund: Der Immobilienbesitzer freut sich, dass er mit jeder monatlichen Zins- und Tilgungsrate Vermögen aufbaut, um im Rentenalter in einer abgezahlten Immobilie zu leben. Der Mieter sieht einen großen Vorteil darin, dass mit der monatlichen Miete die Nutzung und Abnutzung der Wohnung abgegolten ist. Bei Schäden und Reparaturbedarf muss er sich nicht selbst kümmern und die anfallenden Kosten tragen, sondern kann den Vermieter oder Verwalter mit der Behebung der Mängel beauftragen. Auch die Flexibilität hinsichtlich der Wahl des Wohnortes und der problemlose Umzug bei einem Jobwechsel wird oft als Argument angeführt.

Die Entscheidung über das Mieten oder Kaufen ist also neben den sachlichen Gründen vor allem auch eine Typfrage und jeder sollte daher in Ruhe abwägen, was besser zu den eigenen Plänen und Möglichkeiten passt. Anna und Paul haben für sich alle positiven und negativen Aspekte gegeneinander abgewogen und dann die Entscheidung für die eigenen vier Wände getroffen. Wenn Sie sich für den Kauf oder den Bau einer Immobilie entscheiden, ist das in den meisten Fällen eine Entscheidung für das ganze Leben. Überdenken Sie daher im Vorfeld alle Punkte, die in Sachen Lage, guter Vermietbarkeit und die Tatsache, selbst im Objekt zu wohnen, wichtig sind.

In der nachfolgenden Übersicht finden Sie einige Argumente, die für den Erwerb einer Immobilie sprechen und auf der anderen Seite auch Punkte, die dagegen sprechen können. Sie sollten bei Ihrer

Entscheidung auf jeden Fall darauf achten, dass Sie deutlich mehr Pro- als Kontra-Argumente finden.

Argumente für die eigenen vier Wände	**Argumente gegen den Erwerb einer Immobilie**
Solide Geldanlage und Altersvorsorge	Langfristige finanzielle Belastung
Eigene Entscheidung über Wertsteigerungsmaßnahmen	Laufende Instandhaltungskosten
Nach Abzahlung der Darlehen im Rentenalter nur geringe Wohnkosten	Im Regelfall am Anfang höhere finanzielle Belastung als die bisherige Mietzahlung
Hohe Mietersparnis möglich	Eventuell Zinsrisiko bei der Anschlussfinanzierung
Im Alter Wohnraum, der nach den persönlichen Wünschen gestaltbar ist	Mögliche Risiken bei Arbeitslosigkeit oder längerer Krankheit
Wertsteigerung und Vererben möglich ohne bzw. mit reduzierter Erbschaftssteuer	Wenig Flexibilität bei notwendigem Umzug aufgrund von Jobwechsel etc.
Eigener »Herr im Haus«	Stress mit Miteigentümern oder Nachbarn

Tabelle 2.1: Argumente für und gegen den Erwerb von Wohneigentum

Es gibt also sehr unterschiedliche Gründe für oder gegen den Schritt in die eigenen vier Wände. Oftmals sind es auch sogenannte »Trigger Events«, die den Ausschlag geben. Das ist zum Beispiel der Fall, wenn der Vermieter kündigt oder durch Nachwuchs mehr Platz für die Familie benötigt wird. Aber auch eine Steigerung der

Lebensqualität nach einem Streit mit den Nachbarn oder eine abbezahlte Immobilie im Rentenalter kann ein Auslöser sein. In jedem Fall gilt es, die Planung sorgfältig und ohne Zeitdruck vorzubereiten. Nach Abwägung aller Argumente sollten Sie dann eine Entscheidung treffen und ab diesem Moment auch vollkommen dahinterstehen und die notwendigen Schritte gehen.

Praxistipp 3:
Neben den oben angeführten eher sachlich-rationalen Gründen haben mir unzählige Kunden auch von »weichen« positiven Erfahrungen berichtet. Beziehen Sie daher auch folgende Thematik in Ihre Überlegungen ein: Wohnen in den eigenen vier Wänden ist die einzige Art der Altersvorsorge, die Sie ab sofort nutzen können. Oft berichteten meine Kunden auch von einem »Glücksgefühl« und einer Steigerung der Lebensqualität nach Einzug in das eigene Zuhause. Diese Punkte können nicht in Euro und Sachargumenten beziffert werden und spielen sich daher eher auf der emotionalen Ebene ab, können aber nachhaltig positive Auswirkungen haben.

Wenn Sie sich zum Kauf einer Immobilie entschlossen haben und danach umfassend über Infrastruktur, wirtschaftliche Aussichten rund um die Lage bzw. Region und die Wertentwicklung Gedanken gemacht haben, sind Sie gut gerüstet für den Immobilienerwerb.

Da Sie sich die Zeit nehmen und diesen Ratgeber lesen, gehe ich davon aus, dass es bei Ihnen genügend gute Gründe gibt, weshalb auch Sie den Weg in Richtung Wohneigentum einschlagen möchten.

Wie geht es nun weiter, nachdem die Entscheidung zum Immobilienkauf getroffen wurde?
Anna und Paul, unser Paar, sind nun voller Vorfreude und haben einen Termin zur Besprechung der richtigen Vorgehensweise im Hinblick auf eine solide Finanzplanung vereinbart. Die beiden sitzen nun bei mir in einer ersten Beratung und sind sich noch nicht sicher, ob sie neu bauen wollen, eine bestehende Immobilie oder eine Wohnung kaufen möchten. Vor allen Dingen haben sie auch noch überhaupt keine Vorstellung, was sie sich finanziell leisten können. Daher beginnen wir mit den Grundlagen und helfen den beiden, sich einen Überblick über ihre finanziellen Möglichkeiten zu verschaffen.

Budgetanalyse: Ermittlung des finanziellen Spielraums

Um eine mögliche Antwort auf diese Frage zu finden, beginne ich – wie auch bei allen anderen Kunden, die noch keine passende Immobilie oder Bauplatz gefunden haben – mit der Ermittlung des zur Verfügung stehenden Budgets. Die entscheidende Frage am Anfang lautet daher immer: **Wie viel** darf die neue Immobilie inkl. aller Nebenkosten maximal **kosten**, damit das Budget der Kunden nicht überschritten wird?

Die Ermittlung des zur Verfügung stehenden Budgets sollte immer der **erste Schritt** in Richtung eigene vier Wände sein. Viele Kunden beginnen allerdings häufig mit dem zweiten Schritt, der Suche nach einem passenden Objekt. Das Internet macht es uns heute sehr leicht. Mit wenigen Klicks beginnt am Wochenende die Suche nach geeigneten Immobilien, Wohnungen oder Bauplätzen. Die meisten Menschen schauen sich danach viele Wohnungen, Häuser und Exposé-Beschreibungen an, um einen ersten Eindruck zu erhalten. Viele gehen dann bereits den nächsten Schritt und vereinbaren einen Besichtigungstermin.

Praxistipp 4:
Bevor Sie sich intensiv mit der Suche beschäftigen oder gar Besichtigungen vereinbaren, ist es unbedingt ratsam, vorab mit der Hausbank oder einem Finanzierungsberater den *finanziellen Spielraum* zu besprechen. Am Ende dieses ersten Gespräches kennen sowohl Sie als auch Anna und Paul die Antwort auf eine ganz entscheidende Frage: **Wie viel darf unsere Traumimmobilie maximal kosten?**

Diese Vorgehensweise ist die richtige Reihenfolge und Enttäuschungen werden so vermieden. Wie oft ist es vorgekommen, dass sich meine Kunden bei der Besichtigung einer Immobilie sprichwörtlich in das Objekt »verliebt« haben und danach wurde im Finanzierungsgespräch klar, dass die Finanzierung nicht darstellbar ist. Die Kunden konnten sich die monatliche Bankrate schlichtweg nicht leisten. Hier sind in der Vergangenheit auch schon Tränen geflossen. Diese Erfahrung möchte ich Ihnen ersparen.

Der Traum vom eigenen Zuhause kann schnell zum Albtraum werden, wenn er zu einer finanziellen Überlastung führt und Sie die monatliche Darlehensrate auf Dauer nicht tragen können. Daher ist es zu Beginn unerlässlich, dass Sie sich intensiv mit Ihren **Einnahmen** und **Ausgaben** auseinandersetzen.

So kam auch in einem ersten Beratungsgespräch mit Anna und Paul heraus, dass die beiden keine Vorstellung hatten, wie hoch die monatliche Bankrate denn sein dürfte, ohne dass der gewohnte Lebensstandard zu sehr eingeschränkt werden würde. Häufig erlebe ich in meinen Beratungen auch, dass Kunden berichten, die Hausbank hätte einen maximal möglichen Darlehensbetrag ermittelt und diesen den Kunden mitgeteilt. Leider ist das meiner Meinung nach der völlig falsche Ansatz, denn kein Kunde wird auf Dauer damit glücklich, wenn er sich daran orientiert, was die Bank maximal bereit ist an Kredit zu vergeben. Oft ist die monatliche Rate für die Kunden viel zu hoch und im Nachgang stellen viele fest, dass sie sich finanziell übernommen haben.

Eine Finanzierung sollte immer über die vom Kunden **auf Dauer zu leistende monatliche Darlehensrate** aufgebaut werden. Das ist die entscheidende Größe, die sich jeden Monat – analog zur Kaltmiete – auf dem Kontoauszug wiederfindet. Da es allerdings im Normalfall nicht funktioniert, eine eigene Immobilie zu finanzieren, ohne dass die Rate höher als die vorherige Kaltmiete ausfällt, ist es umso wichtiger, genau zu ermitteln, wie viel an Mehrbelastung möglich ist, ohne dass es finanziell angespannt wird. Ich bin der festen Überzeugung, dass der Weg in die eigenen vier Wände auf Dauer Spaß und Freude bereiten darf. Kein Immobilienbesitzer sollte auf Urlaub oder liebgewonnene Hobbys verzichten müssen, nur um den Kauf eines Hauses oder einer Wohnung auf Biegen und Brechen verwirklicht zu haben.

Anna und Paul haben wie erwähnt noch keine konkrete Vorstellung, welche Rate sie sich auf Dauer gut leisten können. Auch ihre monatlichen Einnahmen und Ausgaben haben sie nur flüchtig im Blick und sie sparen mal mehr oder weniger. Es geht den beiden wie vielen Menschen, am Ende des Monats ist das Geld ausgegeben.

Praxistipp 5:
Verschaffen Sie sich einen detaillierten Überblick über Ihre monatlichen Einnahmen und Ausgaben. Am besten mit einem **Haushaltsbuch**, egal ob in Schriftform oder digital mittels einer Anwendung wie Excel oder einer App. Bei dieser Gelegenheit können Sie auch gleichzeitig analysieren, ob es regelmäßige Ausgaben gibt, die Sie zukünftig reduzieren oder einsparen können.

Wenn Sie kein Haushaltsbuch führen (die meisten Kunden zählen zu dieser Gruppe) und eine Finanzierung kurzfristig ansteht, fordern Sie bei Ihrer Bank einen Ausdruck Ihrer Kontoauszüge der letzten 3 Monate an, um so einen detaillierten Überblick über die monatlichen Geldflüsse zu erhalten! Stellen Sie zunächst alle Einnahmen und Ausgaben gegenüber. Bitte beachten Sie auch, dass Sie Ausgaben, die nur einmal oder zweimal pro Jahr anfallen, mitberücksichtigen und den Betrag entsprechend auf den Monat umlegen.

Typische **Einnahmen** für die meisten Menschen sind:

- Gehaltszahlungen,
- Mieteinnahmen (sofern Sie bereits Immobilien besitzen),
- Einkünfte aus einer Nebentätigkeit,
- Einkünfte aus Kapitalerträgen,
- Einnahmen aus einer selbständigen Tätigkeit oder einem Gewerbebetrieb,
- Kindergeld, Unterhaltszahlungen und
- Renteneinkünfte (Altersrente, Witwenrente, Berufsunfähigkeitsrente etc.).

Praxistipp 6:
Die monatliche Darlehensrate für Ihre Baufinanzierung liegt im Idealfall nicht höher als bei **ca. einem Drittel** Ihres Haushaltsnettoeinkommens. Achten Sie darauf, dass die Rate unter keinen Umständen *mehr als 40 Prozent* Ihres gesamten zur Verfügung stehenden Einkommens beträgt.

Bei den **Ausgaben** achten Sie insbesondere auf folgende Positionen:

- Lebenshaltungskosten,
- Ausgaben für PKW, Bus und Bahn,
- Kredit- und/oder Leasingraten,
- Miete und Nebenkosten,
- Unterhaltsverpflichtungen,
- Versicherungsbeiträge,
- Sparpläne oder Sparbeiträge auf Bausparkonten,
- Beiträge zur privaten Altersvorsorge und
- Prämien für Versicherungen (Kfz-Versicherung, Haftpflichtversicherung, Berufsunfähigkeitsversicherung, Hausratversicherung etc.).

Die Höhe aller monatlichen Geldeingänge abzüglich der Ausgaben bezeichnet die Bank als **Haushaltsüberschuss**. Dieser Betrag bildet die Grundlage für den Kreditentscheid der Bank.

Praxistipp 7:
Lassen Sie sich nach der Budgetberatung eine sogenannte **»weiche« Finanzierungsbestätigung** von der Bank oder dem Darlehensvermittler aushändigen. Da noch keine Objektunterlagen vorliegen, kann die Bank keine verbindliche Finanzierungsbestätigung erstellen. Allerdings kann Ihnen von der Bank bestätigt werden, bis zu welchem Kaufpreis eine Immobilie finanziert werden kann. Diese Bestätigung hilft Ihnen, wenn eine große Nachfrage bei einem Objekt besteht. Sie zeigen dem Verkäufer oder Makler, dass Sie sich bereits ernsthaft mit dem Erwerb einer Immobilie auseinandergesetzt haben und entsprechend vorbereitet sind. Auch lassen Sie automatisch die meisten Mitbewerber für Ihr »Traumobjekt« hinter sich, denn nur wenige Kunden gehen so gut vorbereitet zu einem Besichtigungstermin.

Anna und Paul waren fleißig und haben sich auf meine Empfehlung die Kontoauszüge der letzten Monate genau angeschaut sowie ein Haushaltsbuch erstellt. Sie wissen nun, wie viel sie monatlich zur Verfügung haben, um sich den Traum von den eigenen vier Wänden verwirklichen zu können. Bevor wir schauen, wie es für unser Paar weitergeht, möchte ich im nächsten Kapital noch auf einige grundsätzliche Überlegungen zu den verschiedenen Arten von Wohneigentum eingehen.

Neubau oder Bestandsobjekt

Wenn Sie sich grundsätzlich für den Schritt in die eigenen vier Wände entschieden haben, bleibt nun zu klären, ob Sie lieber **neu bauen** oder **kaufen** möchten, nachdem Klarheit über das Budget besteht.

Genau das ist auch für Anna und Paul die Frage, nachdem nun geklärt wurde, was sie sich leisten können. Die beiden wissen noch nicht genau, ob sie sich eine Eigentumswohnung oder ein Haus kaufen möchten. Paul versucht auch, Anna die Idee eines Neubaus schmackhaft zu machen. Daher schauen wir nun nach den Vor- und Nachteilen der verschiedenen Möglichkeiten des Wohneigentums.

Neubauvorhaben

Grundsätzlich gibt es zwei Möglichkeiten im Neubausegment. Entweder Sie kaufen eine Wohnung oder ein Haus direkt bei einem Bauträger und schauen sich daher in der gewünschten Region nach Angeboten um. Alternativ können Sie selbst ein Haus mit einem Architekten planen oder mit einem Massivhaus- oder Fertighausanbieter Gespräche führen. Danach gilt es zunächst, ein geeignetes Baugrundstück zu finden.

In der heutigen Zeit ist es schwierig geworden, in den größeren Städten sowie im jeweiligen Einzugsgebiet noch bezahlbare Grundstücke zu finden. Die Kosten spielen eine große Rolle: Stadt- bzw. stadtnahe Immobilien sind mittlerweile sehr teuer geworden. Daher präferieren Menschen, die sich für einen Neubau entschieden haben, eher dazu, im etwas ländlicheren Bereich außerhalb der Stadtlagen oder Metropolregionen nach **Grundstücken** Ausschau zu halten. Bedenken Sie dann bitte, dass oftmals Kosten für einen notwendig gewordenen zweiten PKW sowie zusätzliche Benzinkosten für den Weg zur Arbeit anfallen können. Auch die Wertentwicklung einer neu gebauten Immobilie im ländlichen Bereich ist oft schwer zu prognostizieren und kann möglicherweise auch abnehmen, wenn sich der Immobilienmarkt fallenden Preisen ausgesetzt sieht.

Ist die Grundstücksfrage geklärt, steht anschließend die Entscheidung hinsichtlich Massivhaus oder Fertighaus an. Werden Häuser als Massivhaus bezeichnet, so ist hiermit in erster Linie die Bauweise kennzeichnend. Gemeint ist damit die Verwendung massiver Baustoffe – also z. B. Beton oder Stahlbeton und Mauerwerk, wie etwa Porenbeton, Ziegel- oder Kalksandstein.

Mit dem Begriff Fertighaus wird im Allgemeinen ein Haus bezeichnet, das – zumindest teilweise – werkseitig vorgefertigt an die Baustelle geliefert und vor Ort aufgebaut wird. Üblicherweise werden diese Objekte in der sogenannten Holzständerbauweise errichtet, somit ist der nachwachsende Rohstoff Holz im Vordergrund, aber auch Betonfertigteile sind möglich.

Der Wiederverkaufswert für massiv gebaute Häuser ist in der Regel höher als beim Fertighaus. Allerdings ist in der heutigen Zeit auch die Qualität bei Fertighäusern im Gegensatz zu den Anfangszeiten in den 80er-Jahren immens verbessert worden. Im Hinblick auf die energetischen Werte und bei der Einsparung von Energiekosten haben Fertighäuser sogar häufig deutliche Vorteile zu verbuchen.

Praxistipp 8:
Sprechen Sie vorab mit Menschen, die massiv gebaut haben, und auch mit denjenigen, die ein Fertighaus errichtet haben. So bekommen Sie ein besseres Gefühl für die Vor- und Nachteile und tun sich bei Ihrer eigenen Entscheidung leichter, wenn diese noch nicht im Vorfeld bereits für eine der beiden Varianten getroffen wurde.

Neu gebaute Eigentumswohnung vom Bauträger
Eine Eigentumswohnung zum Erstbezug hat bei den Kosten meistens Vorteile gegenüber dem Einfamilienhaus. Allerdings sind oftmals auch Einschränkungen hinsichtlich der Wohnfläche und der Grundrissplanung notwendig. Ein Vorteil: Wenn Sie sich irgendwann vergrößern (müssen), dann ist der Verkauf im Normalfall unproblematisch. Auch können Sie die Wohnung zu einem späteren Zeitpunkt jederzeit vermieten. Oft trägt sich die Wohnung durch die Mieteinnahmen auch von selbst und Sie bauen sich eine zusätzliche Altersvorsorge auf.

Bestandsimmobilien
Beim Erwerb einer Bestandsimmobilie kommt es entscheidend auf den Zustand des Objektes und die Lage an. Im Idealfall ist Ihr zukünftiges Eigenheim in einem optisch und technisch guten Zustand und es sind bei Einzug keine oder sehr überschaubare Investitionen für Tapeten bzw. Malerarbeiten etc. notwendig. Wenn Sie diese Maßnahmen in Eigenleistung bzw. durch Familienmitglieder oder Freunde durchführen, fallen lediglich die Kosten für das notwendige Material an. Für die Erstbesichtigung sollte ausreichend Zeit eingeplant werden. Hilfsmittel wie Notizblock, Zollstock oder Maßband und eine Kamera (separat oder mit dem Smartphone)

sind nützlich. Fotos stützen die Erinnerung und helfen später bei der Entscheidungsfindung.

Praxistipp 9
Besichtigen Sie die Immobilie grundsätzlich bei Tageslicht. Haus und Umgebung wirken so viel besser und eventuelle Mängel sind leichter zu erkennen. Nach der Besichtigung sollten Sie die nähere Umgebung um das Objekt zu verschiedenen Uhrzeiten besuchen, um die Geräuschkulisse und das Verkehrsaufkommen einschätzen zu können.

Grundsätzlich empfehle ich meinen Kunden einen zweiten Besichtigungstermin zu vereinbaren, wenn sie zu der positiven Vorentscheidung kommen, die Immobilie oder Wohnung kaufen zu wollen. Beim zweiten Besichtigungstermin und wenn Sie die Zusage des Verkäufers erhalten haben, sollte dann ein Bausachverständiger bzw. Gutachter oder zumindest jemand mit fachlicher Qualifikation (Ingenieur, Architekt, Meister mit handwerklicher Ausrichtung) aus dem Bekanntenkreis die Immobilie auf eventuelle Mängel überprüfen. Profis erkennen oft auf den ersten Blick die typischen Schwachstellen, wie z. B. Schimmel, Feuchtigkeit im Keller oder Zustand des Daches. Für Laien ist es fast unmöglich, **Substanzschäden** wie Schimmel, Hausschwamm oder Schädlingsbefall zu erkennen. Solche Mängel mindern jedoch den Wert einer Immobilie nachhaltig. Im schlimmsten Fall führen sie zu einem signifikanten Wertverlust.

Auch die Bausubstanz und die verarbeiteten Materialien spielen eine große Rolle. Fragen Sie unbedingt auch nach eventuellen Schadstoffen, wie beispielsweise Asbest. Auch die Erkundigung nach dem energetischen Zustand ist berechtigt: Wurde in der Vergangenheit bereits eine energetische Sanierung durchgeführt?

Bei der Haustechnik sollte genaustens überprüft werden, wie der Zustand der Heizung sowie der Wasser- und Stromleitungen ist. Falls möglich, fragen Sie einen Ihnen bekannten Handwerker in der jeweiligen Fachrichtung um eine Einschätzung. Bilder der wichtigsten Komponenten und Typenschilder (Herstellungsjahr) helfen ihm für eine Einschätzung. Insbesondere bei dem Thema *Heizung und Dämmung der Gebäudehülle* sollte vor dem Hintergrund der politischen Vorgaben im Hinblick auf ein mögliches Verbot von Öl- und Gasheizungen zugunsten Wärmepumpen und erneuerbarer Energien immer in Betracht gezogen werden, diese Maßnahmen direkt anzugehen. Vor dem Einzug ist der ideale Zeitpunkt dafür, denn so können Sie die Kosten für die energetische Modernisierung direkt mitfinanzieren.

Praxistipp 10:
Fragen Sie Bausachverständige oder Gutachter nach der Möglichkeit, ein sogenanntes **Kurzgutachten** zu erhalten. Sie erhalten einen objektiven Wert für die Immobilie und die Kosten hierfür sind überschaubar. Diese liegen nach meiner Recherche und Erfahrung im Rahmen von 300 bis 500 Euro. Reguläre Gutachten sind ausführlicher, kosten aber deutlich mehr, meistens zwischen 1.500 und 3.000 Euro.

Wenn Sie eine Immobilie mit sehr großem Renovierungsbedarf bis hin zu einer Kernsanierung ins Auge fassen, ist es unumgänglich, einen Bauingenieur oder Architekten einzubinden. Auch für die Finanzierung ist dann ein qualifiziertes Sanierungskonzept mit genauer Ermittlung der Kosten durch den Sachverständigen notwendig. Auch ein von der KFW zertifizierter Energieberater sollte im Nachgang hinzugezogen werden. Dieser prüft gemeinsam mit Ihnen, welche energetischen Maßnahmen sinnvoll sind und/oder auch staatlich gefördert werden. Sie können dann entscheiden, was Sie wie oben beschrieben direkt in Angriff nehmen möchten.

Praxistipp 11:
Planen Sie einen sehr großzügig bemessenen »Puffer« bei der Kostenplanung mit ein. Meine langjährige Praxiserfahrung hat gezeigt, dass bei Immobilien mit hohem Sanierungsbedarf oftmals im Nachgang noch zusätzliche Kosten entstehen. Eine Nachfinanzierung ist teuer und gilt es daher zu vermeiden.

Grundsätzlich können bei einer **Bestandsimmobilie** in den Jahren nach dem Kauf noch teure Renovierungen notwendig werden, die beim Kauf noch nicht absehbar waren (Heizung geht kaputt, Dach wird undicht etc.).

Praxistipp 12:
Viele Banken bieten für nicht kalkulierbare Kosten einen »Sicherheitspuffer« an und bieten darüber hinaus die Möglichkeit, den Mehrbetrag an bewilligtem Darlehen gegen eine geringe Gebühr später wieder aufzulösen, sollten Sie das Geld nicht benötigen. Diese Vorgehensweise gibt Ihnen in jedem Fall ein gutes Gefühl und Sie sollten unbedingt diesen Punkt im Finanzierungsgespräch mit ansprechen.

Bei einem **Neubauvorhaben** können im Laufe der Bauphase unvorhersehbare Zusatzkosten entstehen (Steigerung der Materialpreise, zusätzliche Baunebenkosten etc.). Es gilt in jedem Fall alle Eventualitäten mit in die Entscheidung einfließen zu lassen und möglichst Vorkehrungen gegen Unwägbarkeiten zu treffen. Beim Neubau sollten Sie, wenn möglich, Festpreise vereinbaren.

In der aktuellen Marktphase ist in den meisten Fällen beim Neubau mit höheren Gesamtkosten zu kalkulieren. Selbstverständlich ist das immer abhängig von Lage und Region, aber wenn Sie im gleichen Suchgebiet nach beiden Alternativen Ausschau halten, wird es so sein, dass Sie bei einem bestehenden Objekt mit einem niedrigeren Budget zum Ziel kommen. Andererseits sind neben dem Anschaffungspreis auch die Folgekosten ein wichtiger Aspekt in der Gesamtbetrachtung. Neue Wohnungen und Häuser sind, ähnlich einem neuen Fahrzeug, sparsam im Verbrauch und weisen in der Regel keine gravierenden Mängel auf. Dank ihrer sehr guten Bausubstanz sind sie auch »pflegeleichter« als Altbauwohnungen. Als Eigentümer und Nutzer einer solchen Immobilie profitieren Sie daher in den ersten Jahren von niedrigeren Instandhaltungs- und Verbrauchskosten. Auch riskieren Sie keinen Reparaturstau. Ein weiterer wesentlicher Aspekt sind die auf Dauer erheblich niedrigeren Energiekosten. Zu beachten ist aber auch, dass neue Bauprojekte oder Neubaugebiete oft nicht in attraktiver Lage entstehen, sondern oftmals dort, wo entsprechende Flächen zur Bebauung vorhanden sind. Die Nähe zum Stadtzentrum oder wichtigen Infrastruktureinrichtungen ist nicht immer gegeben. Im Gegensatz dazu findet man bestehende Immobilien und Altbauten meist in eleganten Stadtvierteln, Vororten mit viel Grünflächen oder Naherholungsgebieten. Ihre fußgängerfreundliche Lage und die Nähe zum Zentrum steigern sowohl Attraktivität als auch den Wert der Objekte.

Es gibt für beide Optionen eine Vielzahl an Argumenten, die dafür oder dagegen sprechen. Mehr als ein paar gedankliche Anregungen können und sollen hier nicht weiter ausgeführt werden, denn oftmals ist es auch eine Frage des persönlichen Geschmacks und nicht zuletzt auch der finanziellen Möglichkeiten.

Wenden wir uns daher wieder Anna und Paul zu, die sich nach Abwägung aller Argumente zum Kauf einer bestehenden Immobilie entschlossen haben. Wie schon erwähnt möchten die beiden die Immobilie *selbst beziehen*, um später auch genügend Wohnraum für den Nachwuchs zur Verfügung zu haben. Da ich aber auch immer wieder viele Kunden berate, die eine Immobilie zur *Vermietung* kaufen möchten, gehe ich nachfolgend auf die wichtigsten Unterschiede zwischen dem **Selbstnutzer** und dem **Kapitalanleger** ein.

Die vermietete Immobilie

Eine vermietete Immobilie ist ein typisches Investitionsobjekt für einen Kapitalanleger. Es gibt verschiedene Gründe für den Kauf, aber es würde den Rahmen dieses Ratgebers sprengen, auf die vielen Einzelheiten und Renditeberechnungen solch einer Investition näher einzugehen. Auch die Anforderungen an eine Finanzierung sind komplexer sowie oftmals ebenso ein Steuerberater eingebunden wird. Für den Darlehensnehmer und die Bank spielt die Nutzungsart der Immobilie eine wichtige Rolle. Denn es gibt Arten der Baufinanzierung und spezielle Vertragsinhalte, die eine bestimmte Nutzungsform der zu finanzierenden Immobilie zur Voraussetzung machen. Auch im Hinblick auf staatliche Förderung unterscheiden sich vermietete Immobilien von der eigengenutzten Immobilie. In diesem Buch liegt der Schwerpunkt auf der selbstgenutzten Immobilie und deren Finanzierung, daher möchte ich in diesem Zusammenhang auf entsprechende *Ratgeber zur Kapitalanlage* verweisen, sofern Sie eine Immobilie zur Vermietung erwerben möchten. Gleichwohl gelten natürlich viele der in diesem Ratgeber ausgeführten Gedanken und Praxistipps auch für diese Art der Immobiliennutzung und Finanzierung.

Die eigengenutzte Immobilie

In meiner beruflichen Praxis lag bzw. liegt der Schwerpunkt auf der Beratung von Kunden, die zum ersten Mal eine Immobilienfinanzierung beantragen, um sich den Traum von den eigenen vier Wänden zu verwirklichen. Die Finanzierung einer selbstgenutzten Immobilie sollte immer der erste Schritt sein, bevor man sich vielleicht in einer späteren Lebensphase mit der Finanzierung einer Immobilie zur Vermietung auseinandersetzt. Es gilt erste Erfahrungen zu sammeln und die Banken vergeben häufiger und auch leichter Darlehen an Kunden, die ihre Immobilie selbst bewohnen. Die Banken gehen davon aus, dass Eigentümer einerseits die Immobilie pfleglicher behandeln und andererseits alles dafür tun, die eigene Immobilie nicht durch einen notleidenden Kredit wieder zu verlieren. Die nachfolgende Tabelle stellt die beiden Optionen gegenüber und bietet eine vereinfachte Übersicht über Vor- und Nachteile.

Vergleichsaspekte	Selbstgenutzt	Vermietet
Finanzierungsrate	Muss über Einkommen gedeckt werden	Kreditraten lassen sich (teilweise) durch Mieteinnahmen bezahlen
Gestaltungsfreiheit bezüglich Umbauten/Sanierung	Hoch	Eingeschränkt
Nebenkosten	Sind selbst zu tragen und nicht steuerlich absetzbar	Dürfen zum Teil auf Mietende umgelegt werden; viele Kosten sind steuerlich absetzbar

Flexibilität bei Veräußerung	Geringer, da Umzug mit zusätzlichem Aufwand verbunden	Erhöht, da für Verkauf kein Umzug nötig

Tabelle 2.2: Selbstnutzung und Vermietung im Vergleich

Zusammenfassung:

- **Finden Sie für sich heraus, ob Sie dauerhaft in Miete leben möchten oder eine eigene Immobilie kaufen wollen!**
- **Erstellen Sie für beide Möglichkeiten eine Pro- und Kontra-Liste als Hilfe für die Entscheidungsfindung.**
- **Lassen Sie sich genügend Zeit und wägen Sie in Ruhe die Argumente ab, da es sich um eine langfristige Entscheidung handelt.**
- **Bei der Entscheidung für eine eigene Immobilie besprechen Sie mit einem Experten Ihr finanzielles Budget und finden Sie gemeinsam mit ihm heraus, was Ihr Wunschobjekt maximal kosten darf.**
- **Verschaffen Sie sich hierzu einen detaillierten Überblick über Ihre monatlichen Einnahmen und Ausgaben.**

- Die maximale monatliche Darlehensrate sollte in keinem Fall mehr als 40 Prozent Ihres gesamten Nettoeinkommens ausmachen.

- Klären Sie für sich, ob Sie neu bauen möchten oder eine bestehende Immobilie kaufen wollen.

- Planen Sie bei den Kosten immer einen »Sicherheitspuffer« mit ein.

- Den Erwerb einer vermieteten Immobilie sollten Sie erst in Betracht ziehen, wenn Sie bereits eine eigene Immobilie besitzen.

Übersicht zu diesem Kapitel:

Kosten beim Kauf einer Immobilie

Seite 47

Kosten beim Bau einer Immobilie

Seite 48

Kapitel 3

Anfallende Kosten: Wie Sie den Gesamtbetrag für die Investition berechnen

Neben dem reinen Kaufpreis einer Immobilie fallen auch Nebenkosten an und müssen entsprechend berücksichtigt werden. Zu den sogenannten Kauf- oder Erwerbsnebenkosten zählen die Grunderwerbsteuer, Notarkosten, Gebühren für den Grundbucheintrag und häufig eine Maklerprovision, falls Sie das Objekt nicht von einem privaten Anbieter direkt kaufen. Die Höhe dieser Kosten ist nicht zu unterschätzen und schmälert das Budget, welches dem Bauherrn oder Käufer zur Verfügung steht.

Kosten beim Kauf einer Immobilie

In der Regel betragen die Erwerbsnebenkosten beim Kauf einer Immobilie ca. acht bis zwölf Prozent des gesamten Kaufpreises. Sie setzen sich zusammen aus:

- **Grunderwerbsteuer** (je nach Bundesland zwischen 3,5 und 5,5 Prozent des Kaufpreises)
- **Notarkosten:** ca. 1,0 bis 1,5 Prozent des Kaufpreises (Ausarbeitung des Kaufvertrages, Beurkundung des Kaufvertrages, Weitergabe an das Grundbuchamt etc.)
- **Kosten beim Grundbuchamt:** ca. 0,5 Prozent des Kaufpreises für die Grundschuldeintragung und Eigentumsumschreibung
- **Maklercourtage:** Diese Gebühr ist je nach Region unterschiedlich und beläuft sich auf ca. 3,0 bis 7,0 Prozent des Kaufpreises (inkl. ges. MwSt.).

Soll noch ein Gutachter bzw. Sachverständiger hinzugezogen werden, der das Wunschobjekt bewertet? Dafür können nochmals 500 bis 1.500 Euro anfallen.

Kosten beim Bau einer Immobilie

Beim Bau einer Immobilie sind die Baunebenkosten ein nicht zu vernachlässigender Aspekt in der Kostenkalkulation. Zunächst fallen ähnliche Gebühren an wie beim Kauf einer bestehenden Immobilie. Wenn Sie ein Grundstück separat erwerben, fällt die Grunderwerbsteuer deutlich geringer aus, weil sie ausschließlich auf den Kaufpreis des Grundstücks bezogen wird. Dies gilt allerdings nur, wenn Sie Grundstück und Haus nicht aus einer Hand kaufen. So ist zum Beispiel beim Kauf vom Bauträger die Grunderwerbsteuer immer auf den gesamten Kaufpreis zu zahlen. Erwerben Sie das Grundstück hingegen privat oder von einer Gemeinde, so zahlen Sie die fällige Grunderwerbsteuer lediglich auf den Grundstückspreis.

Darüber hinaus fallen beim Neubau noch folgende zusätzlichen Kosten an:

- Honorare für Architekten und Ingenieurleistungen (auch für Bauüberwachung und Gutachten),
- Vermessungskosten,
- Eventuelle Kosten für ein Bodengutachten,
- Gebühren für behördliche Prüfungen und Genehmigungen,
- Bauzeitzinsen,
- Diverse Versicherungen (z. B. Bauherrenhaftpflichtversicherung, Bauleistungsversicherung),
- Kosten für Bodenarbeiten (Erdaushub),
- Materialkosten für den Innenausbau (falls nicht im Werkvertrag enthalten) und
- Kosten für die Außenanlagen.

Praxistipp 13:
Da die Nebenkosten beim Neubau im ungünstigsten Fall aber auch weit über 20 Prozent des Kaufpreises bzw. der Herstellungskosten liegen können, ist es empfehlenswert, dass Sie auf eine detaillierte Aufstellung der einzelnen Positionen bestehen und dann mit Ihrer Bank oder Ihrem Finanzierungsberater noch einen »Sicherheitspuffer« einkalkulieren.

Zusammenfassung:

- **Ermitteln Sie die vollständigen Kosten für den Bau oder Kauf einer Immobilie möglichst exakt.**

- **Lassen Sie die Kostenermittlung von Ihrem Bank- oder Finanzierungsberater auf Plausibilität prüfen.**

- **Bei einem Neubauvorhaben sollte die Kostenermittlung immer durch einen Architekten oder Bausachverständigen aufgestellt bzw. überprüft werden.**

- **Planen Sie bei der Finanzierung immer einen »Sicherheitspuffer« mit ein.**

Übersicht zu diesem Kapitel:

Immobiliensuche im Internet

Seite 51

Eine innovative Suchmaschine: ThinkImmo

Seite 53

Kleinanzeigen

Seite 53

Social Media

Seite 53

Inserate, Schwarzes Brett & Suche im Bekanntenkreis

Seite 54

Exkurs: Immobilien aus Zwangsversteigerungen

Seite 55

Kapitel 4
Wie finde ich die richtige Immobilie?

Unser junges Paar steht nun vor der nächsten Herausforderung, nachdem das Budget ermittelt und die Entscheidung zum Erwerb einer bestehenden Immobilie getroffen wurde. Jetzt gilt es, auf dem Markt ein passendes Objekt zu finden.

In diesem Kapitel möchte ich daher den beiden und Ihnen einige Anregungen und Tipps zur **Immobiliensuche** geben. Oft ist das nämlich eine der größten Hürden für viele Kunden und es gilt, alle infrage kommenden Möglichkeiten zu nutzen. Schauen wir uns nun an, welche Wege am schnellsten zum Ziel führen.

Immobiliensuche im Internet

Nahezu jede zu verkaufende Immobilie wird heutzutage auf den großen Online-Immobilienportalen präsentiert. Hier sind an erster Stelle die führenden Anbieter *Immobilienscout24* und *Immowelt* zu nennen. Je nach Region gibt es dann noch eine Vielzahl von kleineren Anbietern.

Was ist bei der Suche nach Objekten zu beachten?

Bereits jetzt zahlt sich eine gute Vorbereitung aus, denn wenn man weiß, bis zu welchem Kaufpreis eine Finanzierung möglich ist, kann die Suche viel konkreter ablaufen.

Anna und Paul haben sich bereits Gedanken im Vorfeld gemacht und ihre Entscheidungen hinsichtlich Art des Objektes und die Festlegung auf einen maximalen Kaufpreis werden sich jetzt als nützlich erweisen. Durch Festlegung einiger Parameter lassen sich nicht relevante Ergebnisse ausfiltern und man muss sich nicht durch endlose Trefferlisten hindurchkämpfen. Es nützt beispielsweise nichts, Angebote zu finden, die den finanziellen Rahmen sprengen und Sie nur von Objekten träumen lassen, die außerhalb Ihrer Möglichkeiten liegen.

Praxistipp 14:
Registrieren Sie sich auf den genannten Suchportalen und legen Sie Suchaufträge mit einer automatischen Benachrichtigung an, sobald ein neues Objekt, das Ihren Wünschen entspricht, auf den Markt kommt. Für private Nutzer sind die Immobilienportale in der Regel kostenfrei.

Neben der Art der Immobilie und dem Preis ist als weiterer wichtiger Filter der Suchradius von Bedeutung. Hier gilt es vorher genau abzuwägen, wie weit dieser gehen darf. Grundsätzlich werden Immobilien umso günstiger, je weiter sie von einer großen Stadt oder Metropolregion entfernt sind.

Praxistipp 15:
Berechnen Sie die Kilometer vom Standort des neuen Zuhauses zu Ihrem Arbeitsplatz. Auch die Frage, ob ein zweites Fahrzeug notwendig wird, ist zu klären. Es gilt dann abzuwägen, ob es sich lohnt, die Kosten hierfür in Kauf zu nehmen, um eine günstigere Immobilie auf dem Land erwerben zu können.

Eine innovative Suchmaschine: ThinkImmo

Mein absoluter Geheimtipp ist ein innovatives Suchportal eines Startup-Unternehmens. Daher möchte ich allen, die aktuell auf der Suche nach einer Immobilie sind, unbedingt die Suchmaschine von www.thinkimmo.com ans Herz legen. Es handelt sich um eine sogenannte **Meta-Suchmaschine**, die über 40 verschiedene Immobilienportale in Echtzeit durchsucht. Wenn man hier einen Suchauftrag anlegt, erhält man nicht nur passende Vorschläge, sondern im Hintergrund wird über ein Ampelsystem auch eine erste Einschätzung zum Preis und zur Lage der Immobilie als kostenfreier Mehrwert zur Verfügung gestellt. Probieren Sie dieses Tool unbedingt aus!

Kleinanzeigen

Neben den beschriebenen Internetplattformen kann sich noch ein Blick auf eine andere Seite lohnen: *Kleinanzeigen*! Ja, Sie haben richtig gelesen, auch auf *Kleinanzeigen* (ehemals *eBay Kleinanzeigen*) werden Sie Immobilienangebote finden, übrigens auch Bausachverständige oder Architekten.

Praxistipp 16:
Kleinanzeigen wird häufig von Privatverkäufern genutzt, daher ist hier die Chance größer, ein Objekt ohne Einbindung eines Immobilienmaklers zu finden und somit Geld zu sparen.

Social Media

Nutzen Sie die vielfältigen Möglichkeiten der gängigen Social-Media-Plattformen auch für die Immobiliensuche. In erster Linie denke ich hier an *Facebook*, *Instagram*, *WhatsApp* und *Twitter*. Das funktioniert nur, wenn Ihre potenziellen Empfänger auch Ihre Botschaft zur Kenntnis nehmen. Daher sollten Sie Ihre Pläne zur Immobiliensuche möglichst weit streuen. Ein Suchauftrag im *WhatsApp*-Status oder bei *Facebook* hat schon einige meiner Kunden zum Ziel geführt.

Inserate, Schwarzes Brett & Suche im Bekanntenkreis

Eine weitere Möglichkeit der Suche nach einem passenden Haus oder Grundstück ist das Studieren der Inserate in der lokalen Presse. Auch hier werden Sie sowohl private als auch gewerbliche Angebote finden.

> **Praxistipp 17:**
> Einige meiner Kunden haben ihre Traumimmobilie gefunden, indem sie jeden Samstag die lokale Tageszeitung durchforstet haben. Viele ältere Menschen, die ihre Wohnung oder ihr Haus verkaufen, wählen nach wie vor diesen klassischen Weg und meiden das Internet.

Darüber hinaus lohnt sich auch ein Blick auf die Aushänge am »Schwarzen Brett« von Supermärkten und Einkaufszentren, auch wenn hier etwas Glück notwendig ist. Je individueller ein Gesuch, umso besser die Chance. Seien Sie bei Ihrem Aushang kreativ und bringen Sie eine persönliche Note rein, wie etwa mit einem von einem Kind gezeichneten Haus, wenn Sie ein Heim für eine junge Familie suchen.

Ein probates Mittel ist es auch, Freunde, Bekannte oder Arbeitskollegen anzusprechen und diese in Ihre Pläne einzuweihen.

Erzählen Sie so vielen Menschen wie möglich in Ihrem Umfeld, was und wo Sie suchen. Gehen Sie auch aktiv auf regionale Makler zu und rufen Sie diese an. Nicht selten gibt es etwas in der Schublade, was öffentlich (noch) gar nicht beworben wird – etwa aus Diskretionsgründen oder weil der Immobilienmakler die Unterlagen für das Objekt noch zusammenstellen muss.

Zum Schluss dieses Kapitels möchte ich noch einen weiteren Tipp verraten, mit dem ebenfalls einige meiner Kunden zum Ziel gelangt sind: Wie wäre es denn, wenn Sie an einem Samstag- oder Sonntagnachmittag einmal einen Spaziergang durch die von Ihnen bevorzugte Ortschaft bzw. durch das gewünschte Wohngebiet machen? Sie werden dort sicher den einen oder anderen Hausbesitzer in seinem Garten oder auf der Straße treffen. Mit einer netten Ansprache, in der Sie das Häuschen und die Umgebung loben, werden Sie leicht in ein Gespräch kommen. Dabei können Sie dann vorsichtig versuchen herauszufinden, ob ein eventuell zum Verkauf stehendes Haus, eine Wohnung oder ein Baugrundstück bekannt ist. Loben Sie die Gegend ruhig über den grünen Klee, natürlich ohne zu sehr zu übertreiben, und sagen Sie, wie sehr und gut Sie sich vorstellen könnten, dort auch heimisch zu werden. Und wenn es nicht zum Ziel führt, haben Sie zumindest einen schönen Spaziergang gemacht und sich vielleicht dennoch sehr nett unterhalten.

Exkurs: Immobilien aus Zwangsversteigerungen

Bei der Suche nach der geeigneten Immobilie sprechen mich meine Kunden immer wieder auf das Thema *Zwangsversteigerung* an. Daher möchte ich einige kurze Ausführungen zu diesem Thema machen. Wenn Darlehensnehmer ihren Kreditverpflichtungen nicht mehr nachkommen (können) und sich keine andere Lösung findet, wird die finanzierende Bank eine Zwangsversteigerung der Immobilie beantragen. Immobilien können hier teilweise deutlich unter dem Marktwert erworben werden, Preisabschläge zwischen 20 und 40

Prozent sind nicht selten. Nachteil: Der Immobilienerwerb über eine Zwangsversteigerung ähnelt einer Wundertüte, denn Sie können die Immobilie im Vorfeld nicht persönlich besichtigen.

Praxistipp 18:
Wenn Sie sich für eine Immobilie aus einer Zwangsversteigerung interessieren, machen Sie sich zumindest ein Bild der Immobilie von außen. Es kann ratsam sein, mit Nachbarn des Grundstücks zu sprechen, um dadurch Informationen über den Zustand der Immobilie zu erhalten. Besorgen Sie sich auch in jedem Fall eine Kopie des Gutachtens, das immer bei solchen Immobilien angefertigt wird. Und das Wichtigste beim Bieten im Versteigerungstermin: Setzen Sie sich im Vorfeld eine Budgetobergrenze und weichen Sie auf keinen Fall davon ab.

Zusammenfassung:

- **Investieren Sie viel Zeit in die Suche nach der passenden Immobilie bzw. einem Bauträger oder Hausanbieter beim Neubau.**

- **Legen Sie Suchaufträge in den führenden Immobilienportalen an (Immobilienscout24, Immowelt etc.).**

- Nutzen Sie die »Filterfunktionen« und richten Sie einen Alarm ein, sobald ein neues Objekt eingestellt wird, das Ihren Suchkriterien entspricht. Geschwindigkeit zählt, nehmen Sie umgehend Kontakt auf.

- Nutzen Sie innovative Suchmaschinen, wie z. B. www.thinkimmo.com

- Kleinanzeigen ist für die Immobiliensuche ebenfalls sehr empfehlenswert.

- Auch Social-Media-Kanäle sind wertvoll: Binden Sie Ihre Freunde und Bekannte über diese Möglichkeit clever in die Suche ein!

- Zeitungsinserate und das »Schwarze Brett« runden die Immobiliensuche ab.

- Auch Zwangsversteigerungen sind für den ein oder anderen eine Möglichkeit, um vielleicht etwas günstiger an ein Objekt zu kommen.

Übersicht zu diesem Kapitel:

Wie funktioniert dieses Konzept?

Seite 59

Ihre eigene Probefahrt

Seite 60

Kapitel 5
Die »Finanzierung auf Probe«

Anna und Paul sind nun fleißig dabei, die passende Immobilie zu suchen. Nachdem wir das Budget zusammen ermittelt haben und ich den beiden einige Tipps zur Immobiliensuche (wie im vorherigen Kapitel beschrieben) mit auf den Weg geben konnte, kamen wir im Beratungsgespräch noch auf ein besonderes »Highlight« zu sprechen. Ich empfehle allen Kunden parallel zur Suche nach dem passenden Objekt folgende Methode: Es handelt sich um ein Konzept, welches meinen Kunden im Vorfeld einer Finanzierungsberatung in all den Jahren mit am meisten weitergeholfen hat. Wenn auch Sie aktuell auf der Suche nach einer passenden Immobilie sind oder eine Finanzierung erst in naher Zukunft geplant ist, empfehle ich Ihnen eine Methode, die ich **»Finanzierung auf Probe«** nenne. Sie können hiermit in exzellenter Art und Weise den Ernstfall simulieren und so herausfinden, ob die vorher ermittelte Wunschrate für Sie auf Dauer tragbar ist.

Wie funktioniert dieses Konzept?

Nehmen wir an, es wurde im Vorfeld vielleicht zusammen mit einem Finanzierungsberater oder Ihrem Bankberater eine monatliche Rate nach einer sorgfältig durchgeführten Budgetanalyse ermittelt. Um es in einem Beispiel zu verdeutlichen, gehen wir von einer ermittelten Rate in Höhe von 1.400 Euro aus, die Sie problemlos aus Ihrem monatlichen Einkommen bestreiten können. Auch unser Paar, Anna und Paul, kennt nach dem Erstberatungsgespräch nun genau den monatlichen Betrag, den die spätere Finanzierung maximal an Bankrate ausmachen darf. Nun ermitteln Sie die Differenz zwischen der aktuellen **Kaltmiete**, die Sie momentan zahlen, und dem ermittelten Betrag aus der Analyse, in unserem Beispiel 1.400 Euro. Nehmen wir also an, Ihre Kaltmiete beträgt 950 Euro, so wäre die Differenz 450 Euro. Nun eröffnen Sie ein Tagesgeld- oder Sparkonto und richten ab sofort einen Dauerauftrag ein, mit dem Sie jeden Monat direkt mit Abbuchung Ihrer Miete diesen Differenzbetrag ansparen. Falls Sie einen bestehenden Bausparvertrag haben, eignet sich dieser ebenfalls hervorragend als Sparkonto. Nun haben Sie, obwohl Sie noch in Miete leben, eine Gesamtbelastung in Höhe der ermittelten 1.400 Euro. Es wird also simuliert, als hätten Sie schon jetzt eine Immobilie gekauft – mit einer monatlichen Finanzierungsrate von 1.400 Euro.

Ihre eigene Probefahrt

Wenn Sie die »Finanzierung auf Probe« einige Monate durchhalten, werden Sie herausfinden, ob der zuvor ermittelte Betrag, den Sie sich für eine Kreditabzahlung zutrauen, realistisch kalkuliert wurde oder ob Anpassungsbedarf besteht. Sie können also nun so lange, bis Sie die passende Immobilie gefunden haben, den Ernstfall für sich austesten, ohne dass es eine negative Konsequenz nach sich zieht, falls die Rate für Sie zu hoch sein sollte. In meiner langjährigen Praxis hatte ich viele Kunden, die so herausfinden konnten, dass der Betrag zu optimistisch kalkuliert war, da monatlich zu wenig Geld zum Leben übrigblieb. Andererseits gab es ebenfalls Kunden, die auf diesem Weg zum Ergebnis kamen, dass monatlich sogar ein höherer Betrag ohne Probleme möglich wäre.

Ein großer Vorteil dieser Vorgehensweise besteht darin, dass Sie monatlich den Betrag jederzeit nach oben oder unten anpassen können. Zusätzlich gibt es noch einen weiteren Vorteil, denn egal welchen Betrag Sie monatlich ansparen, Sie bilden auf diesem Weg zusätzlich wertvolles Eigenkapital für Ihre spätere Immobilienfinanzierung. Ich lege Ihnen dringend ans Herz, dieses Konzept im Vorfeld auszuprobieren. Ich hatte in meinem beruflichen Werdegang keinen einzigen persönlichen Kundenkontakt, der diese Simulation nicht als hilfreich bewertet und sich für die Hilfestellung bedankt hat. Es gibt Ihnen ein beruhigendes Gefühl, wenn Sie genau wissen, dass die zuvor ermittelte monatliche Finanzierungsrate gut für Sie realisierbar ist und Sie den gewohnten Lebensstandard nicht groß einschränken müssen. Sie gehen dann mit viel weniger Ängsten und einem beruhigenden Gefühl in die später anstehenden Finanzierungsgespräche mit der Bank oder einem Finanzierungsspezialisten. Ihr Bankberater wird es Ihnen im Gespräch sehr positiv auslegen, wenn Sie ihm stolz von Ihrer »Probefahrt« erzählen. Probieren Sie es aus!

Anna und Paul haben nach gut einem halben Jahr intensiver Suche nun ihr »Traumhaus« gefunden und so wird es ernst. Jetzt geht es darum, das Thema *Baufinanzierung* anzugehen. Schauen wir uns im nächsten Kapitel an, welche Möglichkeiten Sie als Kunde haben, eine Finanzierung für Ihr Vorhaben abzuschließen.

Zusammenfassung:

- **Nutzen Sie die risikolose Strategie der »Finanzierung auf Probe«, um herauszufinden, welche monatliche Investition auf Dauer gut für Sie tragbar ist!**

- **Sparen Sie die Differenz Ihrer aktuellen monatlichen Kaltmiete und der gewünschten späteren Rate für die Baufinanzierung jeden Monat auf ein separates Konto.**

- **Die »Finanzierung auf Probe« ist eine hervorragende Möglichkeit, um zusätzlich Eigenkapital anzusparen. So bekommen Sie ein besseres Sicherheitsgefühl für die später an die Bank zu zahlende Baufinanzierungsrate.**

Übersicht zu diesem Kapitel:

Welche Unterlagen benötigt die Bank?
Seite 63

Die Vorbereitung auf das erste Finanzierungsgespräch
Seite 72

Wie viel Eigenkapital können Sie einbringen?
Seite 73

Wie hoch darf die monatliche Rate für die Finanzierung ausfallen?
Seite 76

Bis zu welchem Zeitpunkt möchten Sie Ihr Darlehen zurückgezahlt haben?
Seite 77

Kapitel 6

Vorbereitungen zur Finanzierungsberatung

Anna und Paul sind einen großen Schritt weiter auf dem Weg in ihr eigenes Zuhause. Nach der Ermittlung des Budgets bzw. Preisrahmens für die Immobilie und der intensiven Suche ist nun ein passendes Objekt gefunden und unser junges Paar konnte die Immobilie ein zweites Mal besichtigen und sich mit dem Verkäufer über den Preis einigen.

Bevor nun ein erstes Gespräch mit der Hausbank oder einem Finanzierungsvermittler vereinbart wird, erinnern sich die beiden an meine Empfehlung, alle notwendigen **Unterlagen,** welche für die Finanzierungsprüfung unerlässlich sind, zu aktualisieren und zu komplettieren. Dieser Punkt liegt mir besonders am Herzen und Sie können sich selbst keinen größeren Gefallen tun, als bei der Zusammenstellung der Unterlagen mit größter Sorgfalt vorzugehen und alle notwendigen Dokumente in gut lesbarer Qualität aufzubereiten. Sie werden in jedem Gespräch punkten, wenn Sie so optimal vorbereitet Ihrem Gesprächspartner vorab alle Unterlagen zur Verfügung stellen. Im Idealfall in digitaler Form als eingescannte Unterlagen im PDF-Format. Mittlerweile benötigen Sie hierzu keinen Scanner mehr, eine App für das Mobiltelefon reicht aus und liefert sehr gute Ergebnisse. Schauen wir uns nun an, welche Unterlagen für die Kreditprüfung wichtig sind.

Welche Unterlagen benötigt die Bank?

Die Zusammenstellung der Unterlagen ist eine Geschichte ohne Anfang und ohne Ende. Mit nichts verbringt ein Finanzierungsexperte bei der Bank oder einem unabhängigen Darlehensvermittler so viel Zeit wie mit der Durchsicht und Kontrolle der Unterlagen und der Bitte, weitere Unterlagen zur Verfügung zu stellen. Es gibt je nach Bank und Finanzierungsobjekt unterschiedliche

Anforderungen an die Unterlagen. Einen gewissen Grundstock benötigt man immer und dann je nach Fall weitere.

Praxistipp 19:
Legen Sie bereits vor dem Finanzierungsgespräch allergrößten Wert auf die lückenlose Zusammenstellung der Unterlagen. Ihre Finanzierungsanfrage kann deutlich schneller bearbeitet werden, die Chancen auf eine Kreditgenehmigung steigen und Sie können völlig entspannt das Ergebnis abwarten und setzen sich nicht dem Stress aus, immer wieder zusätzlich notwendige Unterlagen suchen zu müssen.

Ich möchte Ihnen nun einen Leitfaden an die Hand geben, mit dem Sie sich in eine ideale Ausgangsposition für eine spätere Kreditanfrage bringen. Legen Sie sich zunächst auf Ihrem Rechner einen eigenen Ordner an, den Sie beispielsweise »Dokumente für die Bank« nennen. In diesen Ordner fügen Sie nun alle Unterlagen als PDF ein. Bitte achten Sie darauf, dass die Qualität der eingescannten Dokumente sehr gut ist. Alle Dokumente, die nicht einwandfrei für den Kreditentscheider in der Bank lesbar sind, werden konsequent zurückgewiesen bzw. neu angefordert.

Grundsätzlich unterscheidet man zwei Arten von Unterlagen:

- Persönliche Unterlagen der Darlehensnehmer und
- Objektunterlagen der zu finanzierenden Immobilie (Beleihungsunterlagen).

Persönliche Unterlagen
Hier geht es um alle notwendigen Dokumente, die Sie selbst betreffen und der Bank ein gutes Bild Ihrer Kreditwürdigkeit vermitteln.

Anna und Paul haben von mir folgende Aufstellung über die notwendigen Unterlagen nebst Erläuterungen erhalten.

Ausweiskopie:
Die Bank benötigt im Rahmen der Kreditprüfung eine Kopie Ihres gültigen Personalausweises. Sollte dieser abgelaufen sein, beantragen Sie bitte frühzeitig einen neuen Ausweis. Hilfsweise können Sie auch einen gültigen Reisepass einscannen oder zum Gespräch mitbringen.

Lohn- und Gehaltsnachweise:
Es werden grundsätzlich immer die **letzten 3 Monate** benötigt. **Wichtig:** Besteht eine Abrechnung aus mehreren Seiten, so sind immer **alle Seiten** einzuscannen.

Steuerbescheid und Steuererklärung:
Die Bank möchte den letzten vorliegenden Einkommensteuerbescheid sehen. Bitte achten Sie unbedingt darauf, dass Sie auch hier **alle Seiten** des Bescheids einscannen. Wenn Sie zusätzliche Einnahmen aus Vermietung und Verpachtung beziehen, legen Sie bitte auch die vollständige Einkommensteuererklärung, die zu dem Bescheid geführt hat und beim Finanzamt eingereicht wurde, mit vor.

Einkommensnachweis bei Selbständigen:
Hier ist die vollständige Unterlagenzusammenstellung unabdingbar, damit die Bank zu einer realistischen Einschätzung Ihrer Bonität gelangen kann. Notwendig sind die letzten beiden vollständigen **Gewinnermittlungen/Bilanzen**, die vom Steuerberater testiert sein müssen. Vom laufenden Jahr und vom Vorjahr wird eine **betriebswirtschaftliche Auswertung (BWA)** benötigt. Diese gibt der Bank einen Einblick über den vorläufigen Gewinn bzw Verlust des Geschäftsjahres. Zusätzlich müssen die letzten beiden vorliegenden **Steuerbescheide** nebst den dazugehörigen **Steuererklärungen** eingereicht werden. Achten Sie bitte penibel auf die

Vollständigkeit der Unterlagen. Bei keiner anderen Unterlagenzusammenstellung gibt es so viele Rückfragen wie bei den Bonitätsunterlagen von Selbständigen.

Girokontoauszüge:
Immer mehr Banken fordern mittlerweile die Kontoauszüge Ihrer Gehaltskonten der letzten beiden Monate an. Diese sollten lückenlos und ohne Schwärzungen und Streichungen als PDF aufbereitet werden, sodass Sie diese auf Anforderung umgehend der Bank bzw. Ihrem Finanzierungsberater zur Verfügung stellen können. Die meisten Banken bieten mittlerweile die Möglichkeit, die Kontoauszüge der letzten Monate im **Online-Banking** selbst zu generieren. Falls dies nicht möglich ist, bitten Sie Ihre Bank um Zusendung der Kontoauszüge per Mail oder Post.

Eigenkapitalnachweise:
Hierzu zählen Kontoauszüge, Sparbuch, Tagesgeld, Festgeld etc. Bitte achten Sie unbedingt darauf, dass aus den Nachweisen Ihr **Name**, ein aktuelles **Datum** und der **Guthabensaldo** hervorgeht.

Nachweise über eine Schenkung innerhalb der Familie oder ein Verwandtendarlehen:
Im Rahmen einer Immobilienfinanzierung kommt es häufig vor, dass die Eltern oder Großeltern einen Betrag zum Eigenkapital beisteuern. Wenn das Geld noch nicht auf Ihrem eigenen Konto eingegangen ist, fordert die Bank ein Schreiben des Schenkenden, in dem mit Unterschrift die Schenkungsabsicht dokumentiert wird. Zusätzlich muss ein aktueller Kontoauszug des Schenkenden beigefügt werden, mit mindestens dem Guthaben, das zuvor als Schenkung deklariert wurde. Gleiches gilt für ein Darlehen: Sollten Sie von den Eltern oder Verwandten ein zinsgünstiges oder sogar zinsloses Darlehen erhalten, so wäre eine kurze schriftliche Vereinbarung vorzulegen, aus der die Rückzahlungsmodalitäten hervorgehen.

Unterlagen zu bestehenden Bausparkonten:
Haben Sie bereits ein Bausparkonto abgeschlossen, so ist zu prüfen, ob bzw. inwieweit dieser Vertrag in Ihre Baufinanzierung sinnvoll eingebunden werden kann. Hierzu ist eine genaue Analyse des Vertrages durch Ihren Finanzierungsberater hilfreich.

Reichen Sie hierzu bitte den Bausparvertrag mit Konditionen sowie den letzten vorliegenden Jahreskontoauszug (diesen erhalten Sie jedes Jahr im Januar oder Februar; er enthält wichtige Informationen zum Vertrag) bei Ihrem Finanzierungsberater ein. Sollte sich Ihr Bausparkonto bereits in der **Zuteilung** befinden (das ist in der Regel nach sieben bis zehn Jahren und einer Ansparung zwischen 40 und 50 Prozent der Bausparsumme der Fall), so reichen Sie bitte das Zuteilungsschreiben der Bausparkasse ein. Es kann dann geprüft werden, ob bzw. in welcher Form ein bestehender Bausparvertrag in die Finanzierung eingebunden werden kann. Hier gibt es mehrere Möglichkeiten und es besteht die Chance, Ihre Finanzierung zu optimieren, sodass Sie Zinskosten einsparen.

Depotauszüge von Wertpapieranlagen:
Unabhängig davon, ob Sie Ihr Wertpapierdepot ganz oder teilweise auflösen, ist es empfehlenswert, der Bank ebenfalls einen aktuellen Depotauszug einzureichen und dem Kreditantrag beizufügen. Die Bank bewertet das positiv und es verbessert Ihren Gesamteindruck. Häufig haben Kunden die Befürchtung, dass die Bank fordern könnte, das Depot aufzulösen, um mehr Eigenkapital einzubringen. Diese Sorge ist völlig unbegründet, denn Sie allein entscheiden, ob und wie viel Eigenkapital Sie einsetzen möchten.

Aktuelle Renteninformation:
Hiermit ist die jährliche Information über die zu erwartende Altersrente aus der gesetzlichen Rentenversicherung gemeint. Diese erhalten Sie jährlich per Post vom Rentenversicherungsträger. Voraussetzung ist, dass Sie mindestens seit fünf Jahren in die Rentenversicherung Beiträge eingezahlt haben.

Unterlagen zu bestehenden Lebens- oder Rentenversicherungen:
Sofern Sie privat für Ihren Ruhestand Altersvorsorgeverträge abgeschlossen haben, ist es wichtig, diese ebenfalls der Bank vorzulegen. Die Bank prüft, ob Sie auch im Ruhestand eine eventuell noch laufende Baufinanzierung bedienen können. Bitte reichen Sie jeweils die ersten **fünf Seiten der Versicherungspolice** sowie eine Kopie der jährlichen **Beitragsinformation** ein. Sie erhalten für jeden Vertrag einmal pro Jahr eine aktuelle Mitteilung über das Vertragsguthaben und die voraussichtliche Ablaufleistung.

Unterlagen zu bestehenden Riesterverträgen:
Eventuell lässt sich ein bestehender Vertrag zur Optimierung einer Immobilienfinanzierung nutzen. Bitte reichen Sie hier ebenfalls die ersten **fünf Seiten der Vertragspolice** sowie aktuelle Informationen über den **Rückkaufswert** ein, die Sie jährlich durch eine sogenannte **Beitragsinformation** erhalten.

Kreditverträge, Leasingverträge:
Die Bank benötigt einen Nachweis von **allen** bestehenden Kreditverträgen, die auf Ihren Namen laufen oder bei denen Sie als Bürge (Person, die eine Bürgschaft übernimmt) unterschrieben haben. Denken Sie hierbei auch an »Null-Prozent-Finanzierungen« aus dem Handel, Kfz-Leasing, Konsumentenkredite etc. Auch eventuell bestehende Immobilienfinanzierungen zählen dazu.

Wichtig: Es genügen vorab grundsätzlich die ersten fünf Seiten jedes Darlehensvertrages! Auch ein Dokument, aus welchem die aktuelle Restschuld hervorgeht (Darlehenskontoauszug), ist vorzulegen.

Unterlagen der Immobilie (Beleihungsunterlagen):
Vom Kaufobjekt werden ebenfalls einige Unterlagen benötigt. Diese erhalten Sie entweder vom Verkäufer oder vom Immobilienmakler. Die Bank benötigt diese, um eine interne Wertermittlung der Immobilie vornehmen zu können. Zunächst folgt eine Übersicht

dazu, welche Unterlagen anfallen, je nachdem, ob Sie eine Wohnung kaufen, ein Haus kaufen oder neu bauen wollen. Im Anschluss folgen ebenfalls einige Erläuterungen zu den Unterlagen.

Unterlagen	**Erhältlich bei**	**Neubau**	**Haus-kauf**	**Wohnungs-kauf**
Aktueller Grundbuch-auszug	Grund-buchamt	X	X	X
Flurkarte / amtlicher Lageplan	Kataster-amt	X	X	X
Bautechnische Unterlagen (bemaßte Grundrisse, Bauzeichnungen)	Architekt/ Bauträger	X	X	X
Wohnflächen-berechnung	Architekt/ Bauträger	X	X	X
Baukostenauf-stellung	Architekt/ Bauträger	X		
Entwurf Kaufvertrag	Notar		X	X
Werkvertrag	Bauträger	X		
Teilungserklä-rung mit Aufteilungsplan	Notar			X

Checkliste 6.1: Unterlagen für die Beleihungsprüfung (Objektunterlagen)

Aktueller Grundbuchauszug:
Aus dem Grundbuchauszug gehen die Eigentumsverhältnisse, die Größe des Grundstücks, eventuell eingetragene Rechte, Grundschuldeintragungen und weitere wichtige Informationen hervor. Daher ist es wichtig, dass der Grundbuchauszug zum Zeitpunkt der Beantragung des Darlehens nicht älter als sechs Wochen ist.

Der Grundstückseigentümer oder Immobilienmakler kann beim zuständigen Grundbuchamt jederzeit einen aktuellen Grundbuchauszug erhalten.

Amtlicher Lageplan / Flurkarte:
Der Lageplan enthält Angaben zu dem oder den Flurstücken. Auch die Lage des Grundstücks zur Nordausrichtung inkl. Angaben zum Maßstab gehen daraus hervor. Auch dieses Dokument wird vom Eigentümer beim zuständigen Katasteramt (Vermessungsamt) angefordert, sofern es sich nicht bereits im Besitz des Verkäufers befindet.

Bautechnische Unterlagen (Grundrisse und Zeichnungen):
Baupläne und Grundrisse von Häusern sind Bauzeichnungen, also grafische Darstellungen von allen Räumen und Anbauten, die geometrische und statische Informationen beinhalten und in der Regel von einem Architekten oder Bauplaner angefertigt wurden. Ein Bauplan für ein Haus wird in unterschiedlichen Varianten erstellt: als bemaßter Grundriss (Draufsicht), als Schnitt bzw. Ansicht (von vorne/außen) sowie als Detaildarstellung (vergrößerte Darstellung eines Raumes). Das Haus wird im Bauplan vollständig dargestellt. Das bedeutet, alle Etagen, Räume und Anbauten sind in den Bauzeichnungen enthalten. Die Pläne und Zeichnungen müssen immer eine Maßangabe beinhalten, selbst angefertigte Skizzen werden von der Bank im Rahmen der Kreditprüfung nicht akzeptiert.

Bei einem Neubau werden diese Unterlagen vom Architekten erstellt, während sich diese Unterlagen bei einem Bestandsobjekt immer im Besitz des Eigentümers befinden sollten. In der Praxis sind die Zeichnungen und Pläne oft unvollständig oder nicht mehr auffindbar. In diesem Fall muss der Eigentümer beim Bauamt eine Kopie der Unterlagen anfordern.

Wohnflächenberechnung:
Die Wohnflächenberechnung ist ein wichtiges Dokument einer Immobilie und wird immer für die Kreditprüfung angefordert. Sie wird unter anderem benötigt, um die Fläche beim Bau des Hauses oder der Wohnung darzustellen und ist somit wesentlicher Bestandteil beim Bauantrag. Die Wohnflächenberechnung dient auch dazu, einem Mieter oder Käufer oder aber auch gegenüber einer Bank beim Antrag eines Immobiliendarlehens die Größe der entsprechenden Immobilie nachzuweisen. Jeder Raum wird hier in tabellarischer Form unter Angabe von Länge und Breite dargestellt. Die Berechnung folgt einer gesetzlichen Vorgabe, der sogenannten Wohnflächenverordnung.

Baukostenaufstellung (Neubau oder Kernsanierung):
Die Baukostenaufstellung ist eine Übersicht aller anfallenden Kosten für ein Bauvorhaben oder einer umfangreichen Sanierung. Diese wird von einem Bausachverständigen oder Architekten erstellt, damit keine wesentlichen Kostenpositionen vergessen werden. Somit dient sie auch als Grundlage für die Bank bei der Prüfung eines Kreditantrages.

Entwurf des Kaufvertrages:
Der Kaufvertragsentwurf wird von einem Notar in Absprache mit dem Verkäufer und Käufer aufgesetzt. Dieser Entwurf ist die Grundlage für den rechtlich bindenden Kaufvertrag. Alle wichtigen und wesentlichen Details sowie rechtliche Vorgaben zum Kauf müssen enthalten sein. Die Vertragsparteien sollten im Idealfall acht bis 14 Tage Zeit haben, um den Entwurf genau zu lesen und sich bei Rückfragen oder Änderungswünschen an den Notar zu wenden.

Werkvertrag:
Wenn Sie eine Immobilie bei einem Fertighausanbieter oder Bauträger erwerben, ist der Werkvertrag bzw. der Bauträgerkaufvertrag ein wichtiges Dokument für die Kreditprüfung. Sie erhalten dieses Dokument vom Anbieter neben der Bau- und Leistungsbeschreibung, die ebenfalls einzureichen ist.

Die Vorbereitung auf das erste Finanzierungsgespräch

Nachdem Sie nun wie Anna und Paul über das notwendige Knowhow und einige Vorkenntnisse verfügen, möchte ich Ihnen nun zur Abrundung einige Tipps und Empfehlungen für das Gespräch mit der Bank geben, sodass Sie die Finanzierung erhalten, um Ihren Traum vom eigenen Zuhause Wirklichkeit werden zu lassen.

Anna und Paul haben ihre Einkommens- und Vermögensunterlagen bestmöglich und sorgfältig vorbereitet, wie im vorherigen Kapitel beschrieben. Als nächster Schritt steht nun die Terminvereinbarung bei der Bank und/oder einem Finanzierungsvermittler an. Wenn Sie den Termin vereinbaren, ist es empfehlenswert, dass Sie vorab um Zusendung einer **Selbstauskunft** bitten, sofern man Ihnen dies nicht schon automatisch anbietet. Wenn Sie diese vor dem Termin ausfüllen und Ihrem Gesprächspartner zusammen mit den zusammengestellten Unterlagen zusenden, wird der Termin viel produktiver ausfallen. Sie können sich auf die wesentlichen Aspekte im Beratungsgespräch konzentrieren und nutzen die Zeit so effektiver. Auch kann sich Ihr Berater bestmöglich auf das Gespräch mit Ihnen vorbereiten. In einer Selbstauskunft werden Ihre persönlichen Daten, Ihre Einkommensverhältnisse sowie eventuell bestehende Verbindlichkeiten abgefragt. Geben Sie sich Mühe beim Ausfüllen einer Selbstauskunft, denn nur wenn Sie der Bank ein vollständiges Bild Ihrer aktuellen Situation vermitteln, können Sie in der Beratung mit verlässlichen Aussagen zu der Machbarkeit Ihrer Finanzierung rechnen. Wenn Sie hier auf jedes Detail antworten, haben Sie schon einen »Bonus« bei der Bank und hinterlassen bereits im ersten Gespräch einen ausgezeichneten Eindruck. In der Selbstauskunft wird ebenfalls nach Ihren Vermögensverhältnissen gefragt. Auch hier zahlt es sich aus, wenn Sie Ihre komplette Vermögens- und Schuldensituation so genau wie möglich angeben. Ich weiß, wie mühsam es manchmal sein kann, bis alle erforderten Unterlagen (in der oben geschilderten Form) zusammengestellt sind und dann auch noch eine mehrseitige Selbstauskunft detailliert ausgefüllt werden muss. Ich darf Ihnen aber versichern, dass Sie sich so in eine optimale Ausgangslage bringen und in den Bank- und Finanzierungsgesprächen davon enorm profitieren werden. Sie erhalten belastbare Ergebnisse, konkretere Angebote und kommen definitiv schneller ans Ziel.

Nachdem Sie sich anhand der ausgefüllten Selbstauskunft auch einen Überblick über Ihre derzeitige Vermögenslage verschafft haben, kommen wir nun schon zu einem ganz zentralen Punkt jeder Baufinanzierungsberatung.

Wie viel Eigenkapital können Sie einbringen?

Eine Immobilienfinanzierung teilt sich immer in zwei Bereiche auf: Eigenkapital und Fremdkapital. Bevor Sie sich im Finanzierungsgespräch mit dem Thema *Fremdkapital* beschäftigen (Bankdarlehen, Förderdarlehen, Bauspardarlehen etc.) sollten Sie sich im Vorfeld mit dem Thema *Eigenkapital* intensiv auseinandersetzen.

Banken, Bausparkassen und Versicherungen achten bei der Kreditvergabe immer auf das Ausfallrisiko. Je höher das Risiko der Bank, desto höher tendenziell auch der angebotene Darlehenszinssatz. Umgekehrt gilt: Je mehr Eigenkapital Sie einbringen, umso günstiger ist der Zinssatz. Im Finanzierungsgespräch und im Rahmen der Kreditprüfung setzt die Bank immer den ermittelten Wert der Immobilie ins Verhältnis zu dem ausgegebenen Darlehen an den Finanzierungskunden. Die Kaufnebenkosten sollten Sie in jedem Fall über Eigenkapital abdecken können. Nur bei Kunden mit einem sehr hohen Einkommen und keinen weiteren

Kreditverbindlichkeiten ist es auch möglich, die Nebenkosten mitzufinanzieren. Aus zwei Gründen rate ich meinen Kunden jedoch hiervon ab: Zum einen verteuert sich der Darlehenszins unverhältnismäßig hoch, denn die Bank lässt sich das erheblich höhere Risiko in Form von Zinsaufschlägen vergüten. Und zum anderen erhöht sich auch Ihr Risiko dadurch deutlich, denn Sie müssen mehr Kredit aufnehmen, als die Immobilie wert ist.

Auch die langfristige Tragfähigkeit der Finanzierung bei unter Umständen gestiegenen Zinsen nach Ablauf der ersten Zinsfestschreibungsperiode wird sicherer, je mehr Eigenkapital Sie einbringen. Es könnte sein, dass Sie nach Ablauf der ersten Zinsfestschreibungsphase einen höheren Darlehenszins als zu Beginn der Finanzierung zu zahlen haben. Daher hilft jeder Euro Eigenkapital weiter, Ihr Risiko zu minimieren.

Schlussendlich zahlen Sie unter dem Strich auch weniger Zinsen an die Bank, je niedriger der notwendige Darlehensanteil ist. Ihre Finanzierung wird dadurch entsprechend wirtschaftlicher. Anhand dieser enormen Vorteile sehen Sie, wie wichtig das Thema *Eigenkapital* überhaupt ist. Daher sollten Sie sich nun in aller Ruhe überlegen, welche Summe Sie persönlich für Ihr Vorhaben aufbringen können.

Die folgende Aufzählung gibt einen Überblick, an was Sie bei Ihrem »Kassensturz« denken sollten:

- Sparguthaben auf dem Konto, einem Sparbuch oder in bar,
- Guthaben auf Bausparverträgen,
- Wertpapiere und Sparbriefe,
- Kapitalbildende Lebensversicherungen (aktueller Rückkaufswert),
- Schmuck, Gold, Luxusgegenstände (z. B. Oldtimer und wertvolle Sammlungen),
- Baugrundstück im Eigentum,
- Bereits im Besitz befindliche Immobilien und
- Schenkungen innerhalb der Familie.

Eine Mischform aus Eigen- und Fremdkapital ist das sogenannte Verwandten- oder Familiendarlehen. Dabei handelt es sich zwar um Fremdkapital, da es aber in der Regel sehr zinsgünstig oder sogar zinslos vergeben und meistens nicht nach außen deklariert wird, fällt es formal bei der Bankfinanzierung doch unter das Eigenkapital.

Eine weitere Besonderheit sind die **Eigenleistungen**. Hier wirkt der Bauherr oder die gesamte Familie aktiv an der Erstellung oder Renovierung der Immobilie mit. Ist das beim Laien meist auf die Innenarbeiten, wie Bodenbeläge oder Tapeten, beschränkt, so kann eine Fachkraft im Freundes- oder Familienkreis entsprechend ihren Fähigkeiten das Vorhaben maßgeblich durch eigene Arbeit mittragen. Dadurch wird das Bauvorhaben oder die Modernisierung natürlich günstiger und es muss entsprechend weniger Kredit aufgenommen werden. Dementsprechend kann auch diese sogenannte »Muskelhypothek« zum Eigenkapital gerechnet werden. Das Familiendarlehen und die Eigenleistung werden auch als Eigenkapitalersatz bezeichnet.

Ersatzsicherheit/Zusatzsicherheit

In Zeiten gestiegener Zinsen für Immobilienkredite spielt dieser Punkt eine immer gewichtigere Rolle: Sie sollten immer innerhalb der Familie prüfen, ob es eine bereits bezahlte Immobilie gibt, die der Bank als Zusatzsicherheit angeboten werden kann. In vielen Fällen in meiner Praxis war es der Fall, dass die Eltern ihre Immobilie zur Verfügung gestellt haben. Zwar haftet dann diese Immobilie für die Verbindlichkeiten, wenn Sie Ihren Ratenverpflichtungen nicht mehr nachkommen, andererseits lassen sich durch die Zusatzsicherheit bis zu fünfstelligen Summen bei den Zinskosten einsparen. Es gilt, die Vor- und Nachteile abzuwägen. Auch wichtig: Alle Beteiligten sollten ein gutes Gefühl bei dieser Option haben. Es wäre allerdings schade, wenn nicht zumindest darüber gesprochen wird.

Nachdem Anna und Paul nun die Unterlagen zusammengestellt haben und nach einem Kassensturz feststeht, wie viel Eigenkapital Sie einbringen können, geht es noch darum, sich mit einigen Fragen zu beschäftigen, die im Finanzierungsgespräch von großer Bedeutung sind.

Praxistipp 20:
Machen Sie sich zu jedem der oben aufgeführten Punkte in Ruhe Gedanken und besprechen Sie, welche Möglichkeiten an Eigenkapitaleinsatz oder Eigenkapitalersatz bestehen. Achtung: Halten Sie in jedem Fall einen bestimmten Betrag zurück, damit Sie eine Reserve für den Notfall haben. Empfehlenswert ist es, drei bis fünf Monatsnettogehälter auf der Seite zu haben.

Wie hoch darf die monatliche Rate für die Finanzierung ausfallen?

Wenn Sie meinen Tipp zur »Finanzierung auf Probe« wie Anna und Paul umgesetzt haben, dann haben Sie an dieser Stelle bereits gute Vorarbeit geleistet. Falls dies noch nicht geschehen ist, lesen Sie bitte hierzu noch einmal meine Tipps im fünften Kapitel.

Rufen wir uns noch einmal in Erinnerung: Eine niedrige monatliche Rate vergrößert den finanziellen Spielraum, den Sie monatlich zur Verfügung haben. Mit einer höheren Rate verringern sich die Laufzeit des Darlehens und die Zinskosten. Somit ist es wichtig, entsprechend gut vorbereitet in das Gespräch zu gehen, denn Sie werden mit Sicherheit dazu gefragt werden. Je nachdem, wie viel Zeit zwischen der Budgetermittlung und dem ersten Beratungsgespräch (nachdem Sie eine Immobilie gefunden haben) liegt, können sich die Zinsen am Markt geändert haben. Sind die Zinsen beispielsweise gestiegen, wird eine höhere Rate bei der Finanzierungsberechnung herauskommen.

Praxistipp 21:
Ich empfehle meinen Kunden immer eine Spanne für sich zu definieren. Neben der in der Budgetermittlung berechneten »Wunschrate« sollten Sie im Idealfall auch eine Obergrenze festlegen und schauen, ob Sie noch etwas »Luft« nach oben haben.

Bis zu welchem Zeitpunkt möchten Sie Ihr Darlehen zurückgezahlt haben?

Die Höhe der monatlichen Rückzahlungsrate beeinflusst die Zeit bis zur vollständigen Tilgung Ihres Darlehens. Die passende Laufzeit sollte wichtige Ereignisse im Leben des Kunden, wie z. B. Familienplanung oder den Renteneintritt, berücksichtigen. Überlegen Sie sich daher vorab, bis zu welchem Zeitpunkt Sie Ihr Darlehen zurückgezahlt haben möchten.

Praxistipp 22:
Der Ratschlag vieler Eltern (»Bis zur Rente muss alles abbezahlt sein«) gilt heute nicht mehr in jedem Fall. Heute binden sich viele Menschen erst zu einem späteren Zeitpunkt und bekommen auch später Kinder. Somit kommt auch bei vielen erst zwischen 30 und 40 Jahren der Wunsch nach den eigenen vier Wänden auf. Wichtig ist zu prüfen, ob Sie die Restschuld bei Renteneintritt (meistens steht zu diesem Zeitpunkt nur noch ein überschaubarer Betrag offen) und die daraus resultierende Kreditrate gut verkraften können.

Anna und Paul wissen nach einem Kassensturz nun genau, wie viel Eigenkapital sie einbringen können und wie hoch die monatliche Rate für die Finanzierung ausfallen darf. Aus diesem Grund möchte ich nun unserem jungen Paar noch einen weiteren Tipp geben. Ich empfehle den beiden, vor dem Gespräch mit der Bank oder dem Finanzierungsspezialisten vorab noch eine kostenlose SCHUFA-Selbstauskunft über das Internet zu beantragen. Bevor ich Ihnen erkläre, wie Sie das am einfachsten erledigen, sollten wir im nächsten Kapital noch aufzeigen, was es mit dem »Mysterium SCHUFA« auf sich hat.

Zusammenfassung:

- **Stellen Sie in Ruhe alle notwendigen Unterlagen für die spätere Finanzierungsprüfung gemäß der Auflistung in diesem Kapitel zusammen. Legen Sie größten Wert auf Vollständigkeit und Qualität der Unterlagen.**

- **Scannen Sie die Unterlagen ein und legen Sie sich einen eigenen Finanzierungsordner auf Ihrem PC an.**

- **Die Unterlagen der Immobilie erhalten Sie vom Eigentümer oder Makler bzw. Bauträger. Nutzen Sie die Checkliste »Unterlagen für die Beleihungsprüfung«.**

- **Füllen Sie vor Ihrem ersten Finanzierungsgespräch detailliert eine Selbstauskunft aus (diese erhalten Sie von der Hausbank oder Ihrem Finanzierungsberater).**

- Ermitteln Sie gewissenhaft, wie viel Eigenkapital Sie einbringen können.

- Besprechen Sie im Familienkreis, ob die Möglichkeit einer Zusatzsicherheit in Betracht kommt.

- Planen Sie, bis wann Sie Ihre Finanzierung zurückgezahlt haben möchten.

Übersicht zu diesem Kapitel:

Was steckt hinter der SCHUFA?

Seite 81

Worauf Sie achten sollten

Seite 82

Kapital 7
Die SCHUFA

SCHUFA ist die Abkürzung für »Schutzgemeinschaft für allgemeine Kreditsicherung«. Einige Mythen ranken sich um sie. Ein paar davon wollen wir in diesem Kapital auflösen.

Was steckt hinter der SCHUFA?

Die SCHUFA ist eine zentrale Institution, die von ca. 68 Millionen Privatpersonen und von mehr als fünf Millionen Firmen über 800 Millionen Daten, die für die Bonitätsbeurteilung des Einzelnen durch die Bank eine große Rolle spielen, in ihren Datenbänken gesammelt hat. Es handelt sich um ein privates Unternehmen. Viele gehen immer noch davon aus, dass es sich um eine staatliche Organisation handelt; dem ist nicht so. Sie ist auch kein Bankinstitut, nur weil fast alle Banken mit der SCHUFA zusammenarbeiten.

Die SCHUFA hat über nahezu jeden von uns Informationen gespeichert. Die Quellen dieser Daten sind nicht nur die Banken selbst, die jede Kreditvergabe an die SCHUFA melden, sondern auch Strom- und Gasversorger, Versicherungen, Versandhandelsunternehmen u. v. m.

Insgesamt hat die SCHUFA über 9.000 Vertragspartner, von denen sie ihre Daten bezieht. Dazu gehören neben den Kreditabschlüssen auch Girokonten, Wohnort bzw. Wohnortwechsel, Zahlungsversäumnisse, Kreditanfragen etc.

Die weit über 2.000 Kreditinstitute in Deutschland nutzen diese Daten, um die Bonität der Kunden besser einschätzen zu können. Wichtig ist hierbei auch der sogenannte SCHUFA-Score. Wenn Sie bei Ihrer Bank einen Kreditantrag stellen, fragt die Kreditabteilung automatisch Ihren Score-Wert ab. Sie müssen sich diesen Wert wie ein Punktesystem vorstellen. Je höher der Wert, umso besser Ihre Bonität. Ein Score von 100 Prozent sagt aus, dass Sie mit einer

Wahrscheinlichkeit von 100 Prozent den Kredit zurückzahlen werden. In der Praxis ist dieser Wert allerdings nicht zu erreichen, denn ein geringes Risiko besteht grundsätzlich bei jeder Kreditvergabe. Werte zwischen 95 und 100 sind grundsätzlich als sehr positiv zu bezeichnen. Je näher der Score-Wert an der 100 ist, desto besser ist Ihre Bonität. Wie der Score genau berechnet wird, ist ein Geheimnis der SCHUFA, welches sie nicht preisgibt.

Praxistipp 23:
Fordern Sie unbedingt (mindestens einmal pro Jahr) Ihren persönlichen SCHUFA-Score an. Jedem Bundesbürger hat der Gesetzgeber die Möglichkeit eingeräumt, die über ihn gespeicherten Daten einmal pro Jahr kostenfrei anzufordern. Diese Auskunft bestellen Sie auf der Homepage der SCHUFA. Bitte achten Sie darauf, dass Sie keine kostenpflichtigen Auskünfte bestellen. Die kostenfreie Variante nennt sich »Datenkopie nach Art. 15 DSGVO« und ist leider etwas »versteckt« auf der Seite.

Worauf Sie achten sollten

Sobald Sie Ihre Auskunft in Händen halten, sollten Sie unbedingt auch kontrollieren, ob fehlerhafte oder veraltete Daten abgespeichert sind. Es kommt immer wieder vor, dass Daten falsch erfasst wurden. Veranlassen Sie dann unverzüglich eine Korrektur bei der SCHUFA.

Achten Sie insbesondere hierauf:

- Sind Ihre persönlichen Daten korrekt erfasst?
- Werden beglichene Forderungen nicht oder falsch angezeigt?
- Wurden getilgte Kredite gar nicht oder zu spät gelöscht?
- Werden verspätete Zahlungen zu Unrecht angezeigt?

Positiv ist es, wenn Sie darauf achten, dass nicht nur Kreditanfragen etc. bei der SCHUFA gemeldet werden, sondern auch die Rückzahlung eines Darlehens. Da sind die Banken manchmal etwas nachlässig und vergessen, die Erledigung – sprich Rückzahlung – Ihres Kredites an die SCHUFA zu melden. Gerade die planmäßige Rückzahlung von Darlehen ist ein echter Pluspunkt. Sie zeigen damit, dass Sie mit Schulden richtig umgehen können. Wer schon mehrere Darlehen hatte und alle pünktlich zurückgezahlt hat, ist ein zuverlässiger und somit vertrauensvoller Schuldner. Sie werden somit besser beurteilt als jemand, der noch nie irgendeinen Kredit hatte. Es gibt einige Punkte, auf die Sie schon einige Monate vor dem ersten Gespräch mit einem Darlehensvermittler achten sollten, um Ihren Score zum Zeitpunkt der Kreditvergabe zu verbessern:

Zahlen Sie Ihre finanziellen Verpflichtungen immer pünktlich!
Nicht jede etwas zu spät gezahlte Rechnung wirkt sich sofort negativ auf den Score aus. Allerdings darf ein Rechnungssteller bereits nach der zweiten Mahnung die SCHUFA informieren.

Vermeiden Sie mehrere kleinere Kredite!
Viele kleine Darlehen, auch »Null-Prozent Kredite« für Möbel oder aus dem Elektrofachhandel wirken sich negativ auf den Score aus. Wenn Sie bereits mehrere kleinere Kredite aufgenommen haben und noch keine Baufinanzierung geplant haben, könnte es sinnvoll sein, diese abzulösen oder zu einem Darlehen zusammenzufassen.

Kündigen Sie nicht benötigte Girokonten und Kreditkarten!
Je mehr Girokonten und Kreditkarten Sie haben, umso negativer beeinflusst das Ihren SCHUFA-Score.

Erhöhen Sie Ihren Dispokredit!
Das mutet erstmal seltsam an, aber die SCHUFA unterstellt Ihrer Bank, dass die Sie gut kennt und Ihre Bonität gut einschätzen kann. Wenn Sie einen hohen Dispositionsrahmen haben, hat Ihre Bank

ein großes Vertrauen in Ihre Bonität. Das heißt nicht, dass Sie den Dispositionsrahmen auch ausnutzen sollten. Und wenn doch, dann bitte nur kurzfristig. Spätestens wenn eine Immobilienfinanzierung ansteht, sollte Ihr Dispo ausgeglichen sein.

Stellen Sie nicht zu viele Kreditanfragen gleichzeitig!
Jede Kreditanfrage (beispielsweise, wenn Sie bei mehreren Banken Ihre Finanzierung parallel einreichen und prüfen lassen) wird automatisch der SCHUFA gemeldet und kann sich negativ auf Ihren Score auswirken. Die SCHUFA unterstellt bei mehreren Anfragen, dass Sie Probleme haben, einen Kredit bewilligt zu bekommen. Daher sollten Sie es auch vermeiden, mehrere Kreditvermittler gleichzeitig zu beauftragen. Viel sinnvoller ist es, sich für einen unabhängigen Vermittler zu entscheiden. Und dieser sollte unbedingt darauf achten, dass lediglich eine Kreditkonditionsanfrage gestellt wird, denn hier gibt es keine negativen Auswirkungen auf den Score-Wert.

Praxistipp 24:
Wir haben gelernt, dass zu viele SCHUFA-Anfragen zu einem schlechteren Score-Wert bei der SCHUFA führen können. Daher ist dies ein weiterer Grund, einen unabhängigen Finanzierungsvermittler zu beauftragen. Die großen Vermittler haben mehrere Hundert Banken im Vergleich. Ihre Daten werden in einem bankähnlichen System komplett durchgespielt. So weiß man schnell, bei welchen Banken die Finanzierungsanfrage hohe Chancen auf Genehmigung hat und wie die Zinskonditionen aussehen. Alle diese Infos erhalten Sie vom Kreditvermittler, ohne dass auch nur eine einzige SCHUFA-Abfrage notwendig ist. Neben dem Vergleich einer Vielzahl an Banken bleibt so Ihre SCHUFA sauber.

Nachdem auch Anna und Paul ihre SCHUFA-Auskunft geprüft haben, steht nun dem eigentlichen Finanzierungsgespräch nichts mehr im Wege.

Zusammenfassung:

- **Die SCHUFA ist eine privatwirtschaftliche Institution, die eine gewaltige Menge an Informationen und Daten über Privatpersonen und Firmen in ihrer Datenbank gespeichert hat.**

- **Die SCHUFA ermittelt aus allen zur Verfügung stehenden Daten für jeden Darlehensnehmer einen Score-Wert. Je höher dieser Wert, desto besser die Kreditwürdigkeit.**

- **Fordern Sie auf der Homepage der SCHUFA eine kostenlose Auskunft über die von Ihnen gespeicherten Daten an. Kontrollieren Sie die Daten auf Korrektheit.**

- **Achten Sie bei Kreditanfragen darauf, dass die Bank oder der Kreditvermittler lediglich eine »Konditionsanfrage« durchführt, damit sich Ihr Score-Wert nicht durch zu viele SCHUFA-Abfragen verschlechtert.**

Übersicht zu diesem Kapitel:

Die Recherchemöglichkeiten unserer Zeit
Seite 87

Wichtige Punkte zur Vorbereitung auf das Finanzierungsgespräch
Seite 88

Kapitel 8
Das Finanzierungsgespräch

Ein Finanzierungsgespräch bei der Bank oder einem Darlehensvermittler dauert üblicherweise 60 bis 90 Minuten. In diesem Gespräch werden entscheidende Weichenstellungen im Hinblick auf die **Machbarkeit** und das **Konzept** Ihrer Finanzierung besprochen. Eine gute Vorbereitung, wie sie Anna und Paul hinter sich gebracht haben, ist die ideale Grundlage für ein gewinnbringendes Gespräch mit dem Finanzierungsspezialisten.

In meiner langjährigen Praxis habe ich mich immer gewundert, dass viele Kunden völlig unvorbereitet zu einem Finanzierungsgespräch erscheinen. Es geht hier immerhin um die wahrscheinlich größte oder zumindest eine der größten Investitionen ihres Lebens. Daher lege ich Ihnen ans Herz, sich intensiv und bestmöglich auf das Gespräch bei der Bank oder mit einem Vermittler vorzubereiten.

An dieser Stelle nun einen Glückwunsch an Sie als Leser. Wenn Sie dieses Büchlein durchgelesen haben, sind Sie bereits mit einem guten Basiswissen ausgestattet. Darüber hinaus gibt es aber noch weitere gute Möglichkeiten, sich zu dem Thema *Immobilienfinanzierung* zu informieren.

Die Recherchemöglichkeiten unserer Zeit

Gerade im heutigen Zeitalter mit Zugang zu unendlich vielen Informationen ist es für jeden leicht, sich ebenfalls im **Internet** vorab zu informieren. Wie bereits erwähnt, finden Sie im Anhang des Buches noch eine Liste mit nützlichen Internetseiten, auf deren Betreiber ich schon teilweise im Laufe des Buches eingegangen bin und auf denen Sie weitere wertvolle Informationen erhalten. Nutzen Sie auch die Finanzierungsrechner auf den Internetseiten der großen Finanzierungsvermittler, damit Sie ein Gefühl für Ihre Finanzierung bekommen.

Anna und Paul sind nun voller Vorfreude auf die anstehenden Gespräche mit der Bank und einem unabhängigen Finanzierungsexperten. Sie haben sich optimal vorbereitet sowie informiert und auch alle Unterlagen zusammengestellt. Den beiden und Ihnen möchte ich nun noch einige Tipps geben, um einen maximalen Mehrwert aus den Beratungsgesprächen mitzunehmen.

Praxistipp 25:
Sie finden im Internet sehr gute und wertvolle Informationen, allerdings sollten Sie bei einem Punkt vorsichtig sein. Der Zinssatz, der Ihnen von vielen Anbietern genannt wird, hat oft wenig mit der Realität zu tun und führt im Nachgang oft zu großer Enttäuschung. Hier liegt ausschließlich die Gewinnung von Kundendaten im Vordergrund. Daher werden fast ausnahmslos Konditionen genannt, denen sehr viele positive Rahmenparameter zugrunde gelegt werden. Nur sehr wenige Kunden erfüllen diese. Geben Sie daher nicht viel auf die Ihnen angezeigten Zinskonditionen. Es erspart Ihnen im Nachgang oftmals eine Enttäuschung. Sehen Sie es lediglich als groben und stark »optimierten« Richtwert, um Kundendaten zu gewinnen. Schauen Sie auch gerne im Anhang des Buches nach, hier finden Sie eine Erklärung, welche Parameter sich auf den Zinssatz auswirken.

Wichtige Punkte zur Vorbereitung auf das Finanzierungsgespräch

→ **Fragen notieren**

Machen Sie sich vor dem Beratungsgespräch eine Liste mit den zu klärenden Fragen. Dadurch stellen Sie sicher, dass alle Ihnen wichtigen Punkte am Ende auch besprochen wurden. Sie sollten sich auch zumindest stichwortartig die Antworten während dem Gespräch notieren. Nur wenn Sie sich ausreichend Notizen machen, sind Sie in der Lage, nach dem Gespräch zu Hause in Ruhe die wichtigsten Gedanken nachvollziehen zu können. Es zeigt Ihrem Gesprächspartner, wie wichtig Sie das Thema nehmen und Sie hinterlassen auf diese Art auch einen positiven Eindruck.

➜ **Kein Zeitdruck**

Häufig wird Ihnen ein Angebot mit dem Zusatz ausgehändigt, dass dieses nur wenige Tage gültig sei. Das ist eine beliebte verkäuferische Tugend, um Sie möglichst schnell zu binden. Daher empfehle ich Ihnen, sich niemals zu etwas drängen zu lassen. Es lohnt sich oft viel mehr, wenn Sie sich ausreichend Zeit nehmen, um ein zweites oder auch drittes Finanzierungsangebot einzuholen. Zeitdruck ist generell ein schlechter Ratgeber und bei einer Immobilienfinanzierung völlig fehl am Platz.

➜ **Fachchinesisch vermeiden**

Lassen Sie sich alles in Ruhe erklären. Wenn der Finanzierungsberater unbekannte Fachausdrücke oder unverständliche Formulierungen benutzt: Fragen Sie nach! Eine falsch verstandene Formulierung kann später zu großen Missverständnissen führen und Sie unter Umständen viel Geld kosten. Es wird Ihnen absolut positiv ausgelegt, wenn Sie viele Fragen stellen. Denn so sind Sie »aktiv« am Gespräch beteiligt und gleichzeitig bleibt am Ende mehr bei Ihnen hängen. Ich habe Beratungsgespräche erlebt, in denen Kunden bis auf die Begrüßung und Verabschiedung so gut wie nichts gesprochen haben und meine Fragen wurden nur in kurzen Halbsätzen beantwortet. Das macht wenig Freude und bringt auch kein Ergebnis in Form einer optimalen Finanzierungslösung. Sie können sich allerdings nur aktiv beteiligen, wenn Sie auch die Ausführungen des Beraters nachvollziehen können. Sobald dies nicht mehr der Fall ist, sollten Sie ihn unterbrochen und darum bitten, den Gedanken nochmals zu wiederholen.

- **Beratungsprotokoll aushändigen lassen**
  Banken und Darlehensvermittler sind verpflichtet, Ihnen nach dem Gespräch ein Protokoll auszuhändigen. In der Praxis wird dies allerdings häufig unterlassen. Dann gilt es, nachzufragen. Prüfen Sie auch, ob alle im Protokoll genannten Punkte tatsächlich besprochen und erklärt wurden. Ergänzend zu Ihren eigenen Notizen ist es absolut hilfreich, wenn Sie auch nach einiger Zeit noch genau nachlesen können, was im Termin besprochen wurde. Lassen Sie sich auch immer einen Zins- und Tilgungsplan der besprochenen Finanzierungsbeispiele aushändigen. Wenn Sie Darlehensangebote später vergleichen möchten, benötigen Sie aussagekräftige Unterlagen aus der Beratung.

- **Ratgeber mitnehmen**
  Haben Sie in der Familie oder im Bekanntenkreis Menschen, die sich mit der Materie auskennen bzw. bereits selbst eine Baufinanzierung abgeschlossen haben? Diese Personen können Ihnen wertvolle Tipps geben und stellen oftmals im Gespräch die richtigen Fragen aufgrund ihrer eigenen Erfahrung. Laden Sie diese Menschen ein, Sie zu Ihrem Finanzierungsgespräch zu begleiten.

Ihr Ziel in einem Finanzierungsgespräch besteht darin, ein konkretes Finanzierungsangebot zu erhalten. Ideal ist es, wenn Ihr Berater bereits vor dem Termin die notwendigsten Unterlagen sowie eine bereits ausgefüllte Selbstauskunft von Ihnen erhalten hat, damit er sich diese anschauen und auch schon prüfen kann. Umso konkreter kann das Konditionsangebot erstellt werden, welches Ihnen nach dem Gespräch ausgehändigt oder per Mail zugeschickt wird. Schaffen Sie es nicht, die Unterlagen im Vorfeld via E-Mail beziehungsweise Post zu senden, oder möchten Sie das nicht, dann bringen Sie Ihre Unterlagen auf jeden Fall zum Gespräch mit. Je mehr Informationen zur Verfügung stehen, umso fundierter und aussagekräftiger wird das erstellte Finanzierungsangebot.

Zusammenfassung:

- Bereiten Sie sich so gut wie möglich auf Ihre anstehenden Finanzierungsgespräche bei der Bank oder einem Kreditvermittler vor.
- Notieren Sie sich Fragen vorab und schreiben Sie sich während dem Finanzierungsgespräch für Sie wichtige Informationen auf.
- Lassen Sie sich unter keinen Umständen unter Zeitdruck setzen. Eine Immobilienfinanzierung benötigt Zeit und Sie sollten in Ruhe auch Vergleichsangebote einholen.
- Fragen Sie im Gespräch immer nach, sobald Sie etwas nicht verstanden haben.
- Lassen Sie sich am Ende der Beratung ein Beratungsprotokoll aushändigen.
- Nehmen Sie Menschen aus Ihrem Umfeld mit vorhandener Finanzierungserfahrung oder vorhandenem Finanzwissen mit in die Beratungsgespräche als Unterstützung.

Übersicht zu diesem Kapitel:

Ihre Hausbank

Seite 93

Finanzierungsvermittler

Seite 95

Internet bzw. Online-Portale

Seite 97

Kapitel 9

Der Markt für Baufinanzierungen – so kommen Sie an die optimale Finanzierungslösung

Jetzt wird es ernst. Anna und Paul sind schon etwas aufgeregt und möchten nun, nachdem alle Unterlagen komplett sind und auch eine SCHUFA-Selbstauskunft vorliegt, den nächsten Schritt gehen und einen Termin für eine Finanzierungsberatung vereinbaren. Hierfür gibt es nun mehrere Möglichkeiten, die wir uns im Folgenden genauer anschauen werden. Als Erstes wäre die Hausbank zu nennen, also die Bank, bei der Sie Ihre Gehaltskonten führen und im Idealfall schon viele Jahre als Kunde bekannt sind. Daneben gibt es die großen Baugeldvermittler wie *Interhyp*, *Dr. Klein* und *Baufi24*, um nur die größten zu nennen. Schließlich gibt es auch noch die Möglichkeit, Ihre Baufinanzierung komplett über das Internet zu beantragen bzw. abzuschließen, wie z. B. bei *Check24*. Schlussendlich gibt es auch noch viele Bausparkassen oder Versicherungen, die Ihnen Immobilienkredite vermitteln können. Da es sich hierbei allerdings um Sonderformen handelt und nur in bestimmten Fällen Sinn macht, gehen wir in diesem Ratgeber nicht auf diese Möglichkeiten näher ein.

Ihre Hausbank

Als ich im Jahre 1991 meine Ausbildung zum Bankkaufmann begonnen habe, war es so, dass nahezu deutlich über 90 Prozent, vielleicht sogar über 95 Prozent aller Kunden ihre Immobilienfinanzierung bei der Hausbank abgeschlossen haben. Das Internet war noch nicht verfügbar und das Vertrauen in die »Bank vor Ort« war groß, denn oftmals hatten auch die Eltern ihre Finanzierung schon beim gleichen Institut abgeschlossen. Man kannte seinen Kundenberater wahrscheinlich schon viele Jahre und wenn man etwas ganz

Besonderes und Wichtiges hatte, dann wurde sogar mal der Filialleiter hinzugezogen, der dann die Sache positiv entschied. Das war super – die Welt der heutigen Finanzsysteme sieht allerdings anders aus. Während die Filialleiter früher wichtige Persönlichkeiten waren, die echte Entscheidungskompetenzen hatten, so sind es heute nur diejenigen, die die Vorgaben von oben umzusetzen haben. Jeder Filialleiter konnte früher im Kreditbereich eigene Entscheidungen treffen und einen Hauskredit selbständig genehmigen. Das bedeutete, man konnte jeden normalen Fall direkt in der Filiale besprechen, denn mit dem Kreditsachbearbeiter und Filialleiter hatte man schon zwei Unterschriften und der Kreditantrag war erledigt.

Heute laufen alle Fälle nach der Bearbeitung innerhalb der Filiale erst einmal in die sogenannte Marktfolge. Das ist eine Abteilung innerhalb der Bank, die völlig losgelöst ist von anderen. Hier soll frei von jeder persönlichen Einflussnahme die Entscheidung getroffen werden. Und das hat dann massive Auswirkungen auf die Zusage von Baufinanzierungsanfragen. Wenn die Fälle in der Marktfolge also nur anhand von Zahlen und Papieren entschieden werden können, dann könnten Sie theoretisch Ihre Unterlagen gleich per E-Mail an eine Online-Bank schicken, die dann anhand Ihrer Unterlagen den Fall entscheidet. Es ist also eine Frage, wie gut Sie die Unterlagen vorbereitet haben und wie komplex Ihr Finanzierungsvorhaben ist, sodass man dieses gut darstellen kann. Der ursprüngliche Gedanken war, dass Sie in die Filiale vor Ort gehen, weil Sie einen persönlichen Ansprechpartner haben wollen und weil Sie denken, dass Sie mit ihm Ihren Fall intensiv besprechen und dass Ihr Berater hier eine Entscheidung treffen kann. Doch das kann er eben in den allermeisten Fällen in heutigen Zeiten nicht mehr!

Die Bankenwelt hat sich verändert: Viele Bankmitarbeiter werden alle paar Jahre versetzt. Sie sind häufig nur noch zwei bis drei Jahre an einem Ort und in der gleichen Filiale. Sie ändern die Schwerpunkte, nicht nur, weil mit einer immer neuen Umstrukturierung innerhalb der Bank immer weitere Abteilungen aufgebaut werden, sondern weil sich die Mitarbeiter weiterentwickeln und daher oft schon nach kurzer Zeit neue Aufgaben übernehmen. Sollten Sie also noch einen Berater haben, der Ihre Interessen vertritt und den Sie schon lange kennen, ist das vorteilhaft aufgrund einer gewachsenen Vertrauensbasis. Vielleicht wohnen Sie irgendwo in einem Dorf und haben in der örtlichen Filiale einer *Kreissparkasse* oder *Volksbank* noch die heile Welt vor sich. Dann freuen Sie sich und ich freue mich für Sie mit. Aber seien Sie wachsam, wenn es auch dort erste Veränderungen gibt.

Gehen wir nun vom positiven Fall aus. Sie haben eine Hausbank, der Sie vertrauen und zu der Sie einen guten Kontakt haben. In diesem Fall sollten Sie immer ein Beratungsgespräch führen und sich ein Angebot unterbreiten lassen. Nun kommen wir aber zum wichtigsten Punkt: Geben Sie Ihrer Bank die gleichen Informationen und Vorgaben, die Sie auch einem Kreditvermittler geben. Sprechen Sie deutlich Ihre Ziele sowie Wünsche an und kommunizieren Sie offen, dass Sie sich auch weitere Angebote zum Vergleich einholen möchten. So können Sie auch erwarten, dass die Hausbank Ihnen von Anfang an die bestmöglichen Konditionen anbietet. Immer wieder erlebe ich es in meiner Praxis, dass die Hausbank ihr Angebot »nachbessert«, sobald der Kunde mit einem weiteren (oftmals günstigeren) Angebot bei seinem Bankberater vorspricht. Nun frage ich Sie: War das erste Angebot dann ein »faires« Angebot, das man Ihnen als langjährigem Kunden angeboten hat? Ich denke, diese Frage kann sich jeder leicht selbst beantworten.

Finanzierungsvermittler

Was kann ein Finanzierungsvermittler für Sie leisten? Und woran können Sie einen guten erkennen? Im Bereich der Vermittler gibt es zum einen die großen Online-Plattformen und daneben eine Reihe von selbstständigen Unternehmern. Sie bekommen einen guten Überblick bei den großen Darlehensvermittlern wie *Interhyp*, *Baufi24* oder *Dr. Klein*. Hier sucht und findet man aus mehreren

Hundert Banken günstige Konditionen und Angebote für Ihr Vorhaben. Ob Sie Ihre Immobilienfinanzierung nun direkt in der Bankfiliale abwickeln, ob Sie beispielsweise bei der *ING* anrufen und sich telefonisch beraten lassen, ob Sie ein Vergleichsportal im Internet durchforsten oder ob Sie sich individuell von einem erfahrenen Finanzdienstleister vor Ort beraten lassen – es kommt finanziell auf das Gleiche raus. Jeder von diesen Protagonisten bekommt von der Bank eine Provision für seine Tätigkeit, wenn ein Darlehensvertrag erfolgreich abgeschlossen wird. Ja, die Filialen bekommen ebenfalls eine Provision, was den wenigsten bewusst ist. Auch diese arbeiten seit vielen Jahren als sogenannte Profitcenter und müssen ihre Erträge selbst erwirtschaften. Daher empfehle ich Ihnen, in jedem Fall auch ein Gespräch mit einem ungebundenen Finanzierungsvermittler zu führen. Wahrscheinlich haben Sie selbst wenig Zeit und Lust, um sich mit mehreren Banken parallel über ein Finanzierungsangebot zu unterhalten. Diese Arbeit nimmt Ihnen ein guter Finanzierungsvermittler ab und verhandelt in der Regel »auf Augenhöhe« mit der Bank. Auch kennt ein guter Vermittler die Stärken und Schwächen der einzelnen Banken und hat oftmals auch persönlich gute Kontakte zu regionalen Banken. Da ein Vermittler nur Geld verdient, wenn eine Baufinanzierung erfolgreich abgeschlossen wird, können Sie sich sicher sein, dass er Ihnen das attraktivste Angebot unter einer Vielzahl von Möglichkeiten herausarbeitet und am Ende präsentiert. Ein guter Vermittler für Immobilienkredite ist in der Regel auch bestens zu den lokalen Banken vernetzt und hat hier feste Ansprechpartner, mit denen er Ihren Fall individuell bespricht, um die bestmöglichen Konditionen für Sie zu verhandeln.

Praxistipp 26:
Finanzierungsvermittler arbeiten wie ein Rechtsanwalt im Interesse ihrer Auftraggeber. Hierbei spielen die Kompetenz und die Erfahrung eine herausragende Rolle. Informieren Sie sich vorab im Internet über Ihren Gesprächspartner bzw. das Unternehmen. Fragen Sie im Gespräch auch, über wie viel Erfahrung Ihr Ansprechpartner verfügt und wie lange er schon in diesem Bereich arbeitet. Versuchen Sie herauszufinden, ob Sie einen Profi an Ihrer Seite haben und hören Sie auch immer auf Ihr Bauchgefühl.

Internet bzw. Online-Portale

Mittlerweile finden sich im Internet eine Vielzahl an Portalen, über die Sie eine Immobilienfinanzierung »online« abschließen können. Ist das empfehlenswert? Eher nicht. Und das aus guten Gründen. Verstehen Sie mich nicht falsch, das Internet bietet uns unglaubliche Möglichkeiten der Informationsbeschaffung. Auch können wir bei Amazon oder Ebay alle möglichen Güter bequem kaufen oder uns über den nächsten Urlaub informieren. Aber: Wie fühlt es sich für Sie an, ein Darlehen über mehrere Hunderttausend Euro aufzunehmen, ohne dass Sie Ihrem Gegenüber in die Augen schauen können? An wen wenden Sie sich, falls es später zu Problemen kommt? Meist werden die Beratungen aus einem Call-Center durchgeführt und oft haben Sie bei jeder späteren Kontaktaufnahme einen anderen Ansprechpartner. Mehr als einmal ist es vorgekommen, dass verzweifelte Kunden zu mir gekommen sind, weil Sie ab einem bestimmten Punkt nicht mehr weitergekommen sind. Diesen Weg mochte ich Ihnen daher nicht empfehlen, um Ihr Nervenkostüm zu schonen.

Anna und Paul haben es richtig gemacht und zunächst ein Gespräch mit ihrer Hausbank geführt. Als ihnen ein verbindliches Angebot ausgehändigt wurde, haben sie dann den Rat ihrer Eltern befolgt und sich auf die Suche nach einem weiteren Angebot begeben. Da sie aber weder Zeit noch Lust hatten, von einer Bank zur nächsten zu gehen, und auch nicht wussten, welche Bank aktuell günstige Zinsen anbietet, haben sie den Weg zu einem ungebundenen Vermittler gesucht und sind bei mir in der Beratung gelandet, sodass ich Ihnen in diesem Buch den Weg der beiden beschreiben kann. Die große Auswahl der Banken bei einem Kreditvermittler waren Anna und Paul wichtig. Darüber hinaus schätzen die beiden – wie die meisten Kunden – den persönlichen Kontakt.

Bevor es jedoch zu dem Vergleich der Banken kommt, müssen wir mit unserem Paar noch einige grundlegende Punkte zu den möglichen Finanzierungsformen besprechen. Es gibt viele Möglichkeiten, wie man eine Immobilienfinanzierung konzipieren kann. Zunächst ist es daher wichtig, sich einen Überblick über die verschiedenen Darlehensarten zu verschaffen. Damit fahren wir im folgenden Kapitel fort.

Praxistipp 27:
Nutzen Sie das Internet zur Informationsbeschaffung und probieren Sie auch die Baufinanzierungsrechner im Anhang dieses Ratgebers aus. In einem Satz zusammengefasst bringe ich es auf den Punkt: **Online informieren, offline abschließen!**

Zusammenfassung:

- »Vergleich macht reich!«: Holen Sie mindestens zwei, besser drei Finanzierungsangebote ein.

- Sprechen Sie als Erstes mit Ihrer Hausbank, wenn Sie Kunde einer Bank vor Ort sind und ein Vertrauensverhältnis besteht.

- Gehen Sie anschließend zu einem ungebundenen Finanzierungsvermittler wie Dr. Klein, Interhyp oder Baufi24 und lassen Sie sich ein Angebot erstellen

- Nutzen Sie das Internet zur Informationsbeschaffung und vermeiden Sie es, eine Baufinanzierung im Internet ohne eine persönliche Beratung abzuschließen. Sie brauchen immer einen persönlichen Ansprechpartner, wenn es zu Problemen kommt!

Übersicht zu diesem Kapitel:

Annuitätendarlehen

Seite 101

Festdarlehen mit Tilgungsaussetzung

Seite 104

Bauspardarlehen

Seite 104

Versicherungsdarlehen

Seite 107

Arbeitgeber- und Verwandtendarlehen

Seite 107

Anschlussfinanzierung

Seite 108

Kapitel 10
Finanzierungsformen – welche Baufinanzierung ist für mich die Richtige?

Anna und Paul haben sich bereits einige Informationen zu den unterschiedlichen Darlehensalternativen eingeholt. Aufgrund der vielen Möglichkeiten sind die beiden zu Beginn noch etwas verunsichert und wir schauen uns nun gemeinsam mit den beiden an, auf welche Art und Weise eine Immobilienfinanzierung konzipiert werden kann.

Grundsätzlich gibt es mehrere Arten, wie Sie eine Immobilienfinanzierung abschließen können. Die mit Abstand am meisten verbreitete Form ist das sogenannte Annuitätendarlehen. Als Alternative wird von Volksbanken oder Sparkassen auch gerne ein Festdarlehen angeboten. Hier wird parallel zu dem Immobiliendarlehen noch ein sogenanntes Tilgungsersatzprodukt in die Finanzierung eingebunden. In den allermeisten Fällen handelt es sich dann um einen Bausparvertrag. Weitere Darlehensformen sind sogenannte Arbeitgeberdarlehen oder Familien- bzw. Verwandtendarlehen. Es gibt darüber hinaus noch einige spezielle Darlehensarten, wie z. B. sogenannte »Cap-Darlehen« oder Fremdwährungsdarlehen. In diesem Ratgeber wollen wir uns allerdings auf die wichtigsten Darlehens- bzw. Finanzierungsformen beschränken, die von über 90 Prozent aller Finanzierungskunden gewählt werden.

Annuitätendarlehen

Die am häufigsten gewählte Form eines Immobilienkredits ist das Annuitätendarlehen. In der überwiegenden Zahl der Fälle dürfte ein Hypothekendarlehen als Annuitätendarlehen für selbstgenutzte Immobilien die günstigste Finanzierungsform sein. Dabei ist ein

Hypothekendarlehen nichts anderes als ein langfristiger Kredit, der ratenweise zurückgezahlt wird.

Bei einem Annuitätendarlehen zahlen Sie monatlich einen gleichen Betrag über viele Jahre hinweg. Die Annuität ist dabei der Betrag, den Sie insgesamt pro Jahr als Zins- und Tilgungsleistung an die Bank zahlen müssen. In der Praxis bucht hierzu die Bank monatlich den entsprechenden Betrag von Ihrem Konto ab. Wie hoch die Annuität ausfällt, hängt vom Zinssatz des Darlehens sowie dem gewählten Tilgungssatz ab. Typisch für Annuitätendarlehen ist, dass in den ersten Laufzeitjahren nur recht wenig getilgt wird, während in der Endphase des Kredits fast alles in den Abbau der Darlehensschulden fließt. Innerhalb der Raten verschiebt sich das Verhältnis zwischen den Zinsen und der Tilgung immer mehr zugunsten der Tilgung. Das liegt daran, dass die Zinsen lediglich auf die verbleibende Restschuld erhoben werden. Diese nimmt jedoch von Monat zu Monat ab. Liegen die Bauzinsen wie in den vergangenen Jahren auf einem niedrigen Niveau, verschiebt sich der Zinsanteil langsamer zugunsten des Tilgungsanteils. Das bedeutet in der Konsequenz, dass es mehr Zeit erfordert, die Restschuld zu begleichen, und in Folge auch über einen längeren Zeitraum Zinsen zu zahlen sind. Viele Kunden denken, dass bei niedrigen Zinsen Kosten eingespart werden und die Finanzierung schneller zurückgezahlt ist. Genau das Gegenteil trifft allerdings zu, wenn der Fokus allein auf die Zinsen abzielt. Bei einer jeweils *identischen* anfänglichen Tilgung dauert es länger, ein Darlehen mit niedrigen Hypothekenzinsen zurückzuzahlen als eines mit höheren Zinsen. Genau das versteht man unter dem **Tilgungsparadox.**

Grundsätzlich können bei Annuitätendarlehen zwei Zinsalternativen ausgewählt werden: variable und feste Verzinsung.

Variable Verzinsung

Bei Hypothekendarlehen mit variabler Zinsvereinbarung kann die Bank den Zinssatz des Darlehens während der Laufzeit jederzeit verändern, je nach Stand der Zinskonditionen am Kapitalmarkt. Andererseits kann das Darlehen ganz oder teilweise ohne zusätzliche Kosten vom Darlehensnehmer zurückgezahlt werden. Daher empfiehlt sich diese Variante besonders, wenn nur ein sehr kurzer Zeitraum überbrückt werden muss. So kann zum Beispiel eine in Kürze zur Auszahlung anstehende Kapitallebensversicherung oder ein fällig werdender Sparbrief ein Grund für eine variabel verzinste Finanzierung sein. Es kann auch sinnvoll sein, dass Sie nur einen Baustein der Finanzierung als variables Darlehen und den zweiten oder dritten Baustein mit einer langfristigen Zinsfestschreibung abschließen.

Praxistipp 28:
Wenn Sie sich für einen Neubau entscheiden und zunächst nur den Bauplatz finanzieren möchten, kann diese Form der Finanzierung ebenfalls von Vorteil sein. Wenn Sie noch einige Wochen oder Monate Zeit benötigen, bis der passende Hausanbieter ausgewählt ist, haben Sie später bei der Aufbaufinanzierung der Immobilie die freie Wahl bei der Auswahl der Banken. Wenn Sie die Grundstücksfinanzierung bereits mit einer *festen* Zinsbindung abschließen, ist es später nicht mehr ohne weiteres möglich, die Bank zu wechseln, da Sie sich vertraglich über den Zeitraum der Festschreibung an die Bank gebunden haben.

Feste Verzinsung

Hypothekendarlehen mit einer Festzinsvereinbarung bieten langfristig eine kalkulatorische Sicherheit. Der Darlehensnehmer weiß hierbei für einen langen Zeitraum, welche Rate er zu zahlen hat und kann dies in seiner persönlichen Finanzplanung berücksichtigen.

Sinken die Zinsen nach Abschluss des Kreditvertrages, hat das aber keinen Einfluss auf die Raten des Kreditnehmers. Auch im umgekehrten Fall, wenn die Zinsen nach Vertragsabschluss Jahr für Jahr steigen, bleibt es bei dem im Kreditvertrag fest vereinbarten Zinssatz für beide Seiten. Die Wahl der Zinsbindung ist ein wichtiger Aspekt bei Ihrer Baufinanzierung. Hierauf gehen wir später nochmals ausführlicher ein.

Festdarlehen mit Tilgungsaussetzung

Ein tilgungsfreies Darlehen, auch endfälliges Darlehen oder Festdarlehen genannt, ist ein Darlehen, das während der gesamten Laufzeit nicht getilgt wird. Es müssen lediglich die anfallenden Zinsbeträge an den Kreditgeber gezahlt werden. Der gesamte Darlehensbetrag bleibt während der vereinbarten Zinsfestschreibung konstant, d. h. die Darlehenssumme reduziert sich nicht. Der gesamte Darlehensbetrag wird mit Ablauf der vereinbarten Zinsbindung zur Zahlung fällig. Tilgungsfreie Darlehen werden meistens mit einem Tilgungsersatz (z. B. Bausparvertrag oder Lebensversicherung) kombiniert. Es kann bestimmte Situationen geben, in denen ein Festdarlehen die bessere Alternative ist. Das könnte zum Beispiel bei vermieteten Immobilien der Fall sein. Dadurch, dass Sie keine direkte Tilgung auf das Darlehen zahlen, bleibt die Schuldensumme konstant. So haben Sie auch jedes Jahr den gleich hohen Betrag an Zinsen zu zahlen, diese können dann bei der Steuererklärung als Aufwand deklariert werden und Sie können einen höheren Zinsaufwand geltend machen als bei einem Annuitätendarlehen. In den meisten Fällen ist allerdings das Annuitätendarlehen die bevorzugte Variante vieler Darlehensnehmer.

Bauspardarlehen

Wer heute einen Bausparvertrag abschließt, bekommt in einigen Jahren ein zinsgünstiges Darlehen. Ob sich dieses Darlehen aber wirklich lohnt, hängt von den dann gültigen Zinsen für Baufinanzierungskredite ab. Bausparen funktioniert nach dem Prinzip: erst sparen, dann einen Kredit bekommen. Wer bauen oder kaufen möchte, schließt einen Vertrag über eine bestimmte Bausparsumme ab. 40 bis 50 Prozent davon zahlt man selbst ein, meist über sieben bis neun Jahre. Danach gibt es den Rest als Kredit. Der Zins wird beim Vertragsabschluss festgelegt und man weiß genau, wie viel man später zahlen muss.

Für wen ist Bausparen sinnvoll?

Nur für Menschen, die sicher sind, dass sie kaufen, bauen oder renovieren möchten, ist grundsätzlich der Abschluss eines Bausparvertrages sinnvoll. Als reiner Sparvertrag gibt es sicherlich attraktivere Anlageformen am Markt.

Bei Vertragsabschluss wird eine Gebühr von bis zu 1,6 Prozent der Bausparsumme fällig. Wenn Sie den Kredit später nicht in Anspruch nehmen, ist diese Gebühr verloren. Mein Rat wäre, einen Bausparvertrag niemals zur kompletten Finanzierung zu nutzen. Die kurzen Fristen zum Aufbau des Sparguthabens und zur Rückzahlung des Darlehens führen zu vergleichsweise hohen Raten. Sinnvoller ist ein Bauspardarlehen zur Ergänzung eines anderen Kredits. Auch für eine Modernisierung beziehungsweise Renovierung kann ein Bauspardarlehen optimal eingesetzt werden. Menschen, die sicher sind, dass sie in naher Zukunft kaufen oder bauen möchten, sollten einen Bausparvertrag in Erwägung ziehen. Hier kann die Zeit bis zum Kauf oder Bau der Immobilie sinnvoll genutzt werden und Eigenkapital wird durch die Ansparrate gebildet. Wer meinem Rat folgt und das Konzept der »Finanzierung auf Probe« durchführt, kann hierfür ebenfalls ideal ein Bausparkonto nutzen.

Praxistipp 29:
Auch wenn Sie bereits eine Immobilie besitzen, kann sich ein Bausparvertrag lohnen. Sie sollten monatlich einen bestimmten Betrag auf das Bausparkonto einzahlen, um so in der Zukunft notwendige Modernisierungs- oder Renovierungsmaßnahmen durch ein zinsgünstiges Darlehen finanzieren zu können. Auch nach Ablauf einer bestehenden Zinsbindung kann ein zugeteilter Bausparvertrag ideal zur vollständigen oder Teilablösung der Restschuld genutzt werden.

Vorteile eines Bauspardarlehens sind:

- Es herrscht vergleichsweise ein niedriger Darlehenszins.
- Staatliche Prämien und Sparzulagen können genutzt werden.
- Vermögenswirksame Leistungen (VL) des Arbeitgebers können evtl. genutzt werden.
- Eine zweitrangige Absicherung im Grundbuch ist möglich.
- Es gibt über die gesamte Laufzeit einen garantierten Darlehenszins.
- Es folgt eine schnelle Entschuldung des Bausparers.
- In der Tilgungsphase sind unbegrenzte Sondertilgungen möglich.

Nachteile von Bauspardarlehen sind:

- Eine vorgelagerte Sparphase,
- Eine niedrige Verzinsung des Sparguthabens,
- Eine Abschlussgebühr,
- Ein nicht garantierter Zuteilungszeitpunkt und
- Eine vergleichsweise hohe monatliche Belastung in der Tilgungsphase.

Versicherungsdarlehen

Neben den Banken und Bausparkassen vergeben auch Versicherungen Baukredite. Dabei kann eine vorhandene kapitalbildende Lebensversicherung als Sicherheit hinterlegt werden, um ein Darlehen bis zur Höhe des Rückkaufswertes zu erhalten. Das Darlehen kann sowohl ein Annuitätendarlehen als auch ein tilgungsfreies Darlehen sein. Dieses Darlehen kann auch als sogenanntes Nachrangdarlehen zur Zinsoptimierung Ihrer Immobilienfinanzierung eingesetzt werden. Versicherungsgesellschaften sind darüber hinaus auch sehr stark bei langfristigen Zinsbindungen von 25 oder 30 Jahren. Daher sollten Sie neben den Banken immer auch mindestens ein Angebot einer Versicherung einholen, insbesondere wenn Sie sich die Zinsen länger als zehn Jahre festschreiben möchten.

Arbeitgeber- und Verwandtendarlehen

Arbeitgeberdarlehen sind jede Art der vorübergehenden Kapitalüberlassung an den Arbeitnehmer. Die Konditionen dieser Kredite sind in der Regel günstiger als die der Banken und Versicherungen. Oftmals gewähren Arbeitgeber auch zinslose Darlehen. Die Vorteile des Arbeitgeberdarlehens bestehen nicht nur in dem attraktiven Zinssatz: Oftmals begnügen sich Arbeitgeber mit einer nachrangigen Besicherung oder verzichten ganz auf Sicherheiten. Das führt auch dazu, dass viele Banken ein solches Darlehen (ähnlich den Landesdarlehen) als Eigenkapitalersatz ansehen und Sie dadurch einen besseren Zinssatz erhalten.

Praxistipp 30:
Fragen Sie in jedem Fall bei Ihrem Arbeitgeber nach, ob Sie Anspruch auf eine solche Unterstützung haben. Falls möglich, sparen Sie hierdurch oftmals Zinskosten ein, sowohl durch einen attraktiven Zins beim Arbeitgeberdarlehen als auch einem günstigeren Zinssatz bei der Bank!

Auch Familienmitglieder oder Verwandte kommen als Kreditgeber infrage. Diese Form der Kapitalüberlassung nennt man Familien- oder Verwandtendarlehen. Es wird – genau wie ein Arbeitgeberdarlehen – bei Kreditinstituten als Eigenkapitalersatz anerkannt, wenn es unbesichert vergeben wurde. Genau wie beim Arbeitgeberdarlehen lassen sich hierdurch Zinskosten reduzieren.

Praxistipp 31
Sprechen Sie unbedingt das Thema innerhalb der Familie bzw. im Verwandtenkreis an. In meiner Praxis kommt es immer wieder vor, dass sich hierdurch die Finanzierung deutlich verbessern lässt.

Anschlussfinanzierung

Die bisher besprochenen Darlehensarten spielen beim Neuabschluss einer Baufinanzierung eine übergeordnete Rolle. Da eine Immobilienfinanzierung meistens aus zwei oder drei Zinsbindungsperioden besteht, schauen wir uns zur Abrundung noch zwei besondere Darlehensformen in diesem Kapitel an.
Geht die erste Finanzierungsrunde bzw. Zinsfestschreibungsperiode zu Ende, so haben Sie eine Reihe von Möglichkeiten:

1. Sie tilgen die Restschuld auf einen Schlag: Das ist mit Sicherheit die beste Lösung, denn damit ist Ihre Immobilie sofort schuldenfrei. In der Praxis verfügen allerdings nur wenige Kunden über ausreichend finanzielle Mittel zur Tilgung der Restschuld.
2. Sie tilgen einen Teil der Restschuld: Damit verringern Sie das Volumen der Anschlussfinanzierung. Über die Restsumme schließen Sie ein neues Darlehen ab. Sie können eine **Teilrückzahlung** in jeder beliebigen Höhe nach Ablauf der Zinsfestschreibung vornehmen.
3. Sie verlängern Ihr aktuelles Darlehen: Ist am Ende der Zinsbindung noch eine Restschuld vorhanden und es ist keine vollständige oder teilweise Tilgung der Restsumme möglich, ist der Kreditnehmer auf eine **Anschlussfinanzierung** angewiesen. Dabei sollte man schon frühzeitig tätig werden und Angebote anderer Kreditinstitute einholen.

Praxistipp 32:
Viele Darlehensnehmer unterschreiben ohne weitere Nachfragen oder Verhandlungen ein Verlängerungsangebot des aktuellen Kreditgebers. Es ist sehr bequem und mit einer Unterschrift erledigt. Aber: Die angebotenen Zinssätze sind in der Regel nicht sehr attraktiv. Daher ist es lohnenswert, sich weitere Angebote anderer Banken einzuholen oder einen ungebundenen Darlehensvermittler zu beauftragen. Die bisherige Bank geht bei der Berechnung des Immobilienwertes oftmals vom ursprünglichen Kaufpreis aus. Eine neue Bank bewertet die Immobilie zum Marktpreis. Da in den letzten 20 Jahren die Immobilienpreise deutlich gestiegen sind, kann das zu einem wesentlich günstigeren Zinssatz führen und so können Sie viel Geld einsparen.

Forward-Darlehen

Eine günstige Form der Anschlussfinanzierung bietet auch das Forward-Darlehen. Dieses wird erst nach einer vertraglich geregelten Zeit ausgezahlt, mit der Besonderheit, dass in der Zeit zwischen dem Vertragsabschluss und der Kreditauszahlung keine Bereitstellungszinsen anfallen. Dadurch sichert sich der Kreditnehmer in einer Niedrigzinsphase für die Zukunft einen günstigen Zinssatz. Für die Zinssicherheit des Forward-Darlehens verlangen die Banken einen Zinsaufschlag. Dieser Zinsaufschlag richtet sich nach der Dauer der Zeitspanne, die zwischen dem Vertragsabschluss und der Kreditauszahlung liegt.

Praxistipp 33:
Viele Banken und Versicherungen bieten bereits ab *60 Monaten* vor Ablauf einer bestehenden Zinsbindung solch ein Forward-Darlehen an. Daher sollten Sie sich bereits Jahre vor Ablauf Ihrer vertraglich vereinbarten Zinsbindung regelmäßig mit Ihrem Finanzierungsberater zu diesem Thema austauschen und ggf. eine vorzeitige vertragliche Zinsabsicherung in Erwägung ziehen.

Anna und Paul haben nun einiges über die verschiedenen Möglichkeiten eines Immobilienkredites gelernt. Nachdem nun das Grundkonzept des Finanzierungsaufbaus besprochen wurde, gibt es noch weitere wichtige Aspekte, über die unser Paar und Sie im Finanzierungsgespräch mit dem Bankberater oder Finanzierungsspezialisten sprechen sollten. Diese schauen wir uns im nachfolgenden Kapitel an.

Zusammenfassung:

- In den allermeisten Fällen ist ein Annuitätendarlehen die bestmögliche Option für Ihre Immobilienfinanzierung.

- Wählen Sie eine Zinsfestschreibungsdauer, bei der Sie sich persönlich am wohlsten fühlen.

- Solange Sie noch keine Immobilie besitzen, ist ein Bausparkonto eine gute Möglichkeit zur Bildung von Eigenkapitel. Ein bereits zugeteilter Bausparvertrag kann oft sinnvoll in Ihre Finanzierung eingebunden werden.

- Fragen Sie Ihren Arbeitgeber, ob er die Möglichkeit eines Arbeitgeberdarlehens anbietet. Auch ein Darlehen innerhalb der Familie kann für Sie von Vorteil bei der Bankfinanzierung sein, indem Sie einen besseren Zinssatz erhalten.

- Prüfen Sie bereits Jahre vor Ablauf der ersten Zinsfestschreibungsphase die Option einer vorzeitigen Zinssicherung für die nächste Finanzierungsphase (Forward-Darlehen) mit Ihrem Finanzierungsberater.

Übersicht zu diesem Kapitel:

Zinsbindungszeitraum/Zinsfestschreibung
Seite 113

Laufzeit der Finanzierung
Seite 115

Tilgungssatzwechsel
Seite 116

Sondertilgungsoption
Seite 118

Bereitstellungszinsfreie Zeit
Seite 119

Kapitel 11

Wichtige Finanzierungspräferenzen und Bestandteile

Anna und Paul sind sich über den grundsätzlichen Aufbau ihrer Finanzierung im Klaren. Die beiden haben sich für ein Annuitätendarlehen mit gleichen Raten über einen bestimmten Zeitraum entschieden. Nun spreche ich mit den beiden über weitere wichtige **Präferenzen** und **Finanzierungselemente**, die unbedingt detailliert besprochen werden sollten.

Hier eine kurze Zusammenstellung dieser Punkte, auf die ich im Folgenden mit Ihnen und unserem Paar eingehe:

- Zinsbindungszeitraum/Zinsfestschreibung,
- Laufzeit der Finanzierung,
- Tilgungssatzwechsel,
- Sondertilgungsoption und
- Bereitstellungszinsfreie Zeit.

Zinsbindungszeitraum/Zinsfestschreibung

Wie Sie sicherlich auch schon mitbekommen haben, sind Zinsen veränderlich und können im Laufe der Jahre steigen oder fallen. Nachdem wir viele Jahre eine Phase mit niedrigen Bauzinsen von einem Prozent hatten, kam es im Jahr 2022 zu deutlich steigenden Zinsen. In den 1990er-Jahren lag der Zinssatz für Hypothekendarlehen auch schon über zehn Prozent, der günstigste Zinssatz, den ich jemals für einen Kunden in Erinnerung habe, lag bei 0,36 Prozent. Was bedeuten diese möglichen Veränderungen für uns?

Wie wir bereits im Kapitel über die Finanzierungsformen gelernt haben, können Sie einen variablen Zinssatz mit der Bank vereinbaren. Dann passt die Bank in regelmäßigen Abständen den

Zinssatz je nach Entwicklung am Kapitalmarkt nach oben bzw. unten an. Diese Form der Finanzierungskonstellation findet sich allerdings eher selten, denn die meisten Kunden wünschen eine gewisse Planungssicherheit mit langfristig gleichbleibenden Raten. Daher wird in den meisten Fällen eine feste Zinsbindung mit der Bank vereinbart. Grundsätzlich bietet die Bankenlandschaft aber nahezu alle Konstellationen an. Sie können eine kurze Zinsbindung wählen (fünf Jahre) oder eine längere Zinsbindung von zehn bzw. 15 Jahren. Auch sehr lange Zinsbindungen von 20 oder 30 Jahren sind möglich. Daher ist es wichtig, sich über die für Sie infrage kommende Wahl der richtigen Zinsbindung ausreichend Gedanken zu machen. Grundsätzlich ist Folgendes zu beachten: Je länger Sie sich die Zinsen vertraglich sichern, umso höher die Zinskondition. Das gilt für alle Darlehensarten (Tilgungsdarlehen, Festdarlehen etc.). Die Wahl der richtigen Zinsbindung ist deshalb so schwierig, weil niemand die zukünftige Zinsentwicklung verlässlich prognostizieren kann. Daher sollten Sie in jedem Fall nach Ihrem eigenen Gefühl gehen, damit Sie sich persönlich am wohlsten fühlen. Viele Kunden wünschen langfristige Planbarkeit und wählen daher längere Zinsbindungen aus. Ist allerdings in den nächsten Jahren mit einer größeren Erbschaft oder Schenkung zu rechnen, kann sich auch eine kürzere Zinsbindung lohnen. Ich empfehle immer drei alternative Berechnungen im Finanzierungsgespräch zu erörtern. Eine kurze Zinsbindung (z. B. fünf Jahre), eine längere Zinsbindung (z. B. zehn oder 15 Jahre) und eine langfristige Zinsbindung (z. B. 20 oder 30 Jahre). So bekommen Sie einen guten Eindruck über die sich verändernden Parameter. Sie sehen dann auch, wie viel Zinsen Sie insgesamt über den Zeitraum der Zinsbindung gezahlt haben und wie hoch die Restschuld am Ende der Zinsbindung ist. Es gibt auch Marktphasen, in denen die Zinsaufschläge für sehr lange Zinsbindungen nur geringfügig höher liegen als bei kurzen Zinsbindungen. Daher ist es umso wichtiger, dass Sie sich verschiedene Szenarien kalkulieren lassen.

Praxistipp 34:
Wenn Sie sich aus einem Sicherheitsgefühl heraus für eine längere Zinsbindung entscheiden, sollten Sie Folgendes wissen: Jeder Darlehensnehmer hat ein **Sonderkündigungsrecht** gem. § 489 Abs. 1 Nr. 2 des Bürgerlichen Gesetzbuches. Sie können nach Ablauf von zehn Jahren unter Beachtung einer Kündigungsfrist von sechs Monaten aus jedem Baufinanzierungskredit ohne Berechnung einer Vorfälligkeitsentschädigung aussteigen. Sie haben also – egal, wie lange Sie sich vertraglich gebunden haben – nach dieser Zeit das Recht, Ihr Darlehen zurückzuzahlen oder zu einer anderen Bank zu wechseln. Die Bank muss sich allerdings an die vertraglich vereinbarte Zinsfestschreibung halten.

Laufzeit der Finanzierung

Im Unterschied zur gerade besprochenen **Zinsfestschreibungsdauer** ist mit der **Laufzeit** des Darlehens die gesamte Dauer von der Auszahlung des Kredites durch die Bank bis zur vollständigen Rückzahlung gemeint. In der Praxis kommt es immer wieder zu Missverständnissen, da Kunde und Berater manchmal das eine meinen, aber das andere sagen. Daher ist es hier besonders wichtig, bei Unklarheiten nachzufragen.

Die Laufzeit des Darlehens hat einen wesentlichen Einfluss auf die gesamten **Zinskosten** Ihrer Finanzierung, denn die Höhe der monatlichen Rückzahlung beeinflusst die Zeit bis zur vollständigen Tilgung Ihres Darlehens. Die passende Laufzeit sollte wichtige Ereignisse, wie zum Beispiel den Beginn der Rentenphase, im Gesamtkonzept berücksichtigen. Der übliche zeitliche Rahmen beträgt bei einer Baufinanzierung bis zur vollständigen Tilgung der Kreditsumme zwischen 20 und 30 Jahren. Nun sollte also klar sein, warum während der Darlehenslaufzeit im Normalfall mehrere

Zinsbindungen vereinbart werden. Nach wie vor wählen sehr viele Kunden eine Zinsfestschreibung von zehn Jahren. Das bedeutet also, dass der Kredit im Regelfall zum Ende der Zinsbindung noch nicht abbezahlt ist und eine zweite oder auch dritte Sollzinsbindung vereinbart wird. Eine Ausnahme bildet das sogenannte *Volltilgerdarlehen.* Hier wird die Tilgung von Beginn an so berechnet, dass die Finanzierung innerhalb der Sollzinsbindung durch die reguläre Tilgungsrate (also ohne Sondertilgungen) voll zurückgezahlt ist. Sie sollten daher auf jeden Fall ausführlich auf die Höhe der Rückzahlungsrate im Gespräch mit Ihrem Berater eingehen und sich auch Tilgungspläne aushändigen lassen, die den kompletten Verlauf des Darlehens aufzeigen!

Praxistipp 35:
Setzen Sie sich immer ein eigenes Ziel, bis wann Sie Ihr Darlehen zurückgezahlt haben möchten. So können Sie von Zeit zu Zeit immer überprüfen, ob Sie »auf Kurs« liegen oder Sie gegebenenfalls Anpassungen vornehmen möchten. Wir kennen es aus vielen anderen Bereichen im Leben: Nur wenn wir unser Ziel kennen bzw. definiert haben, ist es auch erreichbar!

Tilgungssatzwechsel

Diese Möglichkeit liegt mir besonders am Herzen. Daher empfehle ich Ihnen dringend, sich die Möglichkeit der Änderung des Tilgungssatzes in den Kreditvertrag mit aufnehmen zu lassen. Im Leben gilt oft die alte Weisheit, dass nur eines sicher ist: »Nichts ist sicher!« Es können im Laufe der Jahre viele Dinge passieren, an die Sie bei Abschluss Ihrer Immobilienfinanzierung nicht denken. Neben den Risiken durch Krankheit oder Arbeitslosigkeit kann auch eine Trennung oder ein Familienzuwachs einen großen Einschnitt bedeuten, der sich negativ auf das Einkommen auswirkt. Auch allgemeine Risiken können eine wirtschaftliche Auswirkung haben. Als einschneidendes Beispiel denke ich hier an die Corona-Pandemie mit all ihren Folgen, wie zum Beispiel Lockdowns und die dadurch in vielen Branchen verursachte Kurzarbeit. Aus diesen wenigen Gründen (es gibt noch viele mehr) wird schon deutlich, wie wichtig es ist, die Rate einer Immobilienfinanzierung anpassen zu können. Viele meiner Kunden waren froh, als sie bei ihrer Finanzierung für einen gewissen Zeitraum die Rate absenken konnten, da sich das Einkommen durch Kurzarbeit oder Elternzeit für einen bestimmten Zeitraum reduziert hat. So können Sie die Finanzierung immer Ihren aktuellen Lebensumständen flexibel anpassen und müssen nicht Ihr komplettes Leben umstellen, weil Sie vertraglich eine am Anfang festgelegte Rate zahlen müssen, da bei der Finanzierungsplanung nicht auf diesen wichtigen Punkt eingegangen wurde.

Praxistipp 36:
Fragen Sie immer nach Möglichkeiten der Ratenänderung während der Laufzeit. Sehr viele Banken bieten mittlerweile diese Option kostenfrei mit an, manche davon allerdings nur auf Nachfrage. Sie haben dadurch ein deutlich besseres Bauchgefühl, wenn Sie wissen, dass im Fall der Fälle Spielraum sowohl nach oben als auch nach unten besteht.

Andererseits gibt es auch erfreuliche Anlässe, wie zum Beispiel eine Gehaltserhöhung oder ein weiteres Einkommen durch die Aufnahme einer Nebentätigkeit. Dann ist es sehr vorteilhaft, wenn Sie die Möglichkeit haben, die Rate erhöhen zu können. Dadurch sparen Sie Zinskosten ein und sind schneller fertig mit der Darlehensrückzahlung

Sondertilgungsoption

Eine Sondertilgung ist sinnvoll, wenn zusätzlich zum monatlichen Einkommen weiteres Kapital zur Verfügung steht, das zur Tilgung verwendet werden kann. Das kann eine jährliche Bonuszahlung des Arbeitgebers sein oder eine Rückerstattung beim Lohnsteuerjahresausgleich. Auch eine Schenkung oder Erbschaft ist in vielen Fällen der Anlass für eine Sondertilgung. Sondertilgungen verringern immer die Laufzeit und die Zinskosten der Finanzierung. Daher sollten Sie in jedem Fall eine sogenannte **Sondertilgungsoption** mit in den Darlehensvertrag aufnehmen lassen. Üblich sind hierbei fünf Prozent der aufgenommenen Darlehnssumme pro Jahr. Hierfür verlangen die Banken im Regelfall keinen Zinsaufschlag. Nur wenn Sie mit Sicherheit wissen, dass Sie mehr Sondertilgungen leisten, ist es sinnvoll, sich eine höhere Sondertilgungsoption vertraglich zusichern zu lassen. Hierfür verlangt die Bank meistens einen Zinsaufschlag. Es wäre ärgerlich, einen höheren Zins in Kauf zu nehmen, wenn Sie im Nachgang die Sondertilgungsoption nicht wahrnehmen.

Praxistipp 37:
Überlegen Sie bei Darlehensbeantragung genau, ob Sie in naher Zukunft fest mit einem größeren Geldbetrag rechnen können. Wird beispielsweise in fünf Jahren eine Lebensversicherung fällig oder eine Schenkung zu einem bestimmten Datum in der Zukunft geplant, dann sollten Sie über diese Summe einen separaten Darlehensbaustein mit entsprechend kürzerer Zinsbindung mit in die Finanzierung einbauen. Das gibt Ihnen das Recht einer vorzeitigen Rückzahlung ohne zusätzliche Kosten zu genau diesem Zeitpunkt.

Bereitstellungszinsfreie Zeit
Bei der Immobilienfinanzierung fallen Bereitstellungszinsen an, wenn das Darlehen erst nach einer gewissen Zeit abgerufen wird. Die Banken fordern dann für den nicht abgerufenen Darlehensbetrag ein Entgelt, den sogenannten Bereitstellungszins. Sie können vorab festlegen, wie viele Monate die Bank Ihnen einen kostenfreien Zeitraum ohne Berechnung dieses Entgeltes einräumt. Insbesondere beim Neubau ist es wichtig, auf diesen Punkt besonders zu achten. Typische Baudarlehen sehen eine bereitstellungszinsfreie Zeit zwischen drei und zwölf Monaten vor. Prüfen Sie also genau, wann Sie welche Summen aus dem Darlehen benötigen. Eine gute Planung kann Ihnen auch hier bares Geld einsparen.

Anna und Paul sind beide sehr sicherheitsorientiert. Daher haben sie sich für eine lange Zinsfestschreibung entschieden und mit der Bank eine feste Sollzinsbindung von 20 Jahren vereinbart. Denn sie haben sich an meinen Tipp erinnert, dass nach zehn Jahren ein kostenfreies Sonderkündigungsrecht genutzt werden kann, falls die Zinsen fallen. Eine flexible Änderung der Rate ist ihnen ebenfalls wichtig und wurde im Darlehensvertrag fest vereinbart. Auch eine jährliche Sondertilgungsoption ist beinhaltet und unser Paar hat so die Möglichkeit, jedes Jahr bis zu fünf Prozent der aufgenommenen Darlehenssumme in Form von freiwilligen Sondertilgungen zu leisten. Da sich Anna und Paul zum Erwerb einer bestehenden Immobilie entschieden haben, ist ein bereitstellungszinsfreier Zeitraum von sechs Monaten ausreichend. Sollten Sie sich für ein Neubauvorhaben entscheiden, so wären mindestens zwölf Monate oder länger empfehlenswert.

Zusammenfassung:

- Die Wahl der für Sie passenden Zinsfestschreibungsdauer ist ein zentraler Punkt Ihrer Baufinanzierung. Lassen Sie sich eine kurze (z. B. zehn Jahre), eine längere (z. B. 15 Jahre) und eine sehr lange (z. B. 20 oder 25 Jahre) Zinsfestschreibung als Angebot aushändigen und vergleichen Sie die Vor- und Nachteile. Hören Sie auf Ihr Bauchgefühl.

- Setzen Sie sich ein eigenes Ziel, bis wann Sie Ihr Darlehen zurückgezahlt haben wollen. Prüfen Sie einmal pro Jahr mit Ihrem Berater, ob Sie »auf Kurs« liegen und nehmen Sie ggf. Anpassungen vor.

- Achten Sie darauf, dass Sie eine Änderung des Tilgungssatzes mit in den Vertrag aufnehmen lassen. So können Sie die Rate jederzeit flexibel anpassen.

- Vereinbaren Sie eine jährliche Sondertilgungsoption von mindestens fünf Prozent der Darlehenssumme.

- Bei einem Neubau sollte die bereitstellungszinsfreie Zeit mindestens zwölf, besser 18 oder 24 Monate betragen; bei einem Bestandsobjekt mindestens sechs Monate.

Übersicht zu diesem Kapitel:

Bundesweite Förderprogramme durch die KFW-Bank
Seite 123

Förderung der Bundesländer
Seite 124

Riester-Förderung (Wohnriester)
Seite 126

Steuervorteile bei Vermietung
Seite 127

Kapitel 12
Staatliche Förderung

Es gibt unterschiedliche Arten der Förderung von Wohneigentum. Nachfolgend möchte ich Ihnen einen ersten Überblick über infrage kommende Förderprogramme geben. Grundsätzlich ist dieser Bereich immer wieder aktuellen Änderungen unterworfen. Daher kann in diesem Ratgeber leider nicht im eigentlich notwendigen Umfang auf die Materie eingegangen werden. Ich möchte jedoch nachfolgend einige Möglichkeiten der Förderung aufzeigen, damit Sie einen ersten Überblick erhalten und Sie somit für das Thema sensibilisiert sind. Je nach Ihrem Vorhaben und Ihrer Region sollten Sie dann individuell in Ihren Finanzierungsgesprächen gezielt nach allen aktuellen Möglichkeiten einer Förderung fragen.

Bundesweite Förderprogramme durch die KFW-Bank

Vergünstigte Darlehenskonditionen bietet im Rahmen spezieller Förderprogramme die staatliche *Kreditanstalt für Wiederaufbau* (KFW-Bank). Im Mittelpunkt steht dabei in erster Linie die Förderung von Energiesparmaßnahmen, allerdings gibt es auch zinsgünstige Darlehen für den altersgerechten Umbau sowie die Förderung von selbstgenutztem Wohneigentum.

Für den Kauf oder den Bau einer Immobilie kann hier ein Darlehen bis zu 100.000 Euro über die finanzierende Bank mit beantragt werden (KFW-Wohneigentumsprogramm Nr. 124). An dieses Programm sind keine besonderen Bedingungen geknüpft, außer dass Sie die Immobilie selbst bewohnen müssen. Die Konditionen sind in vielen Fällen günstiger als bei den Banken, wenn Sie kein oder nur wenig Eigenkapital einbringen können.

Praxistipp 38:
Wenn Sie viel Eigenkapital einsetzen, kann es sein, dass der Zinssatz der finanzierenden Bank günstiger ausfällt als der aktuelle Zinssatz der KFW-Bank. Dann ist es nicht lohnend, das Darlehen einzubinden. Lassen Sie sich daher im Finanzierungsgespräch immer ein Angebot mit und ein Angebot ohne KFW-Förderung erstellen!

Die Programme für energetische Maßnahmen müssen immer zuvor individuell für Ihr Vorhaben mit einem Energieeffizienz-Experten besprochen werden. Nachdem Sie sich für bestimmte Sanierungsmaßnahmen entschieden haben, geht es an die detaillierte energetische Fachplanung. Auf dieser Grundlage wird dann geprüft, ob bzw. welche Zuschüsse oder Förderprogramme für Sie infrage kommen.

Wichtig: Im Neubausegment wurde die Förderung durch die KFW heruntergefahren, da der Schwerpunkt auf energetische Maßnahmen für bestehende Immobilien ausgerichtet wurde. Dennoch gibt es weiterhin auch Förderungen für sehr energiesparende Neubauten (»Klimafreundlicher Neubau«). Erkundigen Sie sich hierzu immer beim Bauträger oder Hausanbieter, ob eine Förderung für Sie infrage kommt, sofern Sie keine bestehende Immobilie erwerben.

Förderung der Bundesländer

Es gibt neben den bundeseinheitlichen Förderprogrammen der KFW noch diverse Fördermittel der Bundesländer. Diese werden über die landeseigenen Förderbanken vergeben. Die Programme werden jedes Jahr neu aufgelegt und überarbeitet. Bitte informieren Sie sich unbedingt vor Planung Ihrer Immobilienfinanzierung bei Ihrer *Stadt- oder Kreisverwaltung* nach aktuellen Möglichkeiten der **kommunalen Wohnbauförderung**. Hier können Sie jederzeit einen Beratungstermin vereinbaren und sich über aktuelle Programme unverbindlich und kostenfrei informieren. Die Förderdarlehen der Bundesländer werden von Ihrer Hausbank bzw. der finanzierenden Bank wie Eigenkapital gewertet und dadurch erhalten Sie oftmals einen besseren Zinssatz. Erste Informationen finden Sie auch auf der jeweiligen Internetseite Ihrer je nach Bundesland zuständigen Förderbank. Hier ein Überblick der jeweiligen Förderbanken nach Bundesland:

Bundesland	Förderbank	Webseite
Baden-Württemberg	Landesbank	www.l-bank.de
Bayern	Bayerisches Staatsministerium für Wohnen, Bau und Verkehr	www.stmb.bayern.de
Berlin	Investitionsbank Berlin	www.ibb.de
Brandenburg	Investitionsbank des Landes Brandenburg	www.ilb.de
Bremen	Bremer Aufbaubank GmbH	www.bab-bremen.de
Hamburg	Hamburgische Investitions- und Förderbank	www.ifbhh.de
Hessen	Wirtschafts- und Infrastrukturbank Hessen	w.wibank.de

Mecklenburg-Vorpommern	Landesförderinstitut Mecklenburg-Vorpommern	www.lfi-mv.de
Niedersachsen	Investitions- und Förderbank Niedersachsen – NBank	www.nbank.de
Nordrhein-Westfalen	NRW Bank	www.nrwbank.de
Rheinland-Pfalz	ISB Bank	www.isb-rlp.de
Saarland	SIKB Saarländische Investitionskreditbank AG	www.sikb.de
Sachsen	Sächsische Aufbaubank	www.sab.sachsen.de
Sachsen-Anhalt	Investitionsbank Sachsen-Anhalt	www.ib-sachsen-anhalt.de
Schleswig-Holstein	Investitionsbank Schleswig-Holstein	www.ib-sh.de
Thüringen	Thüringer Aufbaubank	www.aufbaubank.de

Tabelle 12.1: Überblick der jeweiligen Förderbanken nach Bundesland

Riester-Förderung (Wohnriester)

Die Wohn-Riester-Förderung ist eine weitere Möglichkeit, staatliche Zuschüsse und Steuervorteile zu nutzen. Durch das seit 2008 gültige Eigenheimrentengesetz, kurz »Wohnriester« genannt, besteht für Bauherren und Immobilieneigentümer die Möglichkeit, die staatliche Riester-Förderung für die Finanzierung einer **selbst genutzten** Immobilie einzusetzen.

Man unterscheidet zwei Varianten bzw. Möglichkeiten der Förderung:

a. Entweder entnimmt der Darlehensnehmer das Guthaben aus einem bereits seit einiger Zeit angesparten herkömmlichen Riestervertrag und setzt dieses als Eigenkapital bei der geplanten Baufinanzierung ein.
b. Oder der Darlehensnehmer schließt ein vom Bund entsprechend zertifiziertes Riester-Darlehen ab.

In der Praxis spielt diese Art der Förderung eine untergeordnete Rolle. Aufgrund der Komplexität bieten viele Banken mittlerweile keine Riester-Kredite mehr an oder nur auf aktive Nachfrage des Kunden. Auch schreckt viele Darlehensnehmer die sogenannte »nachgelagerte Besteuerung« ab. Die meisten Kunden möchten mit Eintritt in das Rentenalter ihre Immobilie entschuldet haben. Wenn dann in der Rentenphase noch eine zusätzliche Steuerbelastung anfällt, ist das für viele Kunden ein weiteres Gegenargument. Dennoch kann es sich in bestimmten Fällen sehr lohnen, die Förderung mit in die Finanzierung einzubinden. Fragen Sie in jedem Fall aktiv nach, ob in Ihrem Fall die Förderung durch ein Wohnriester-Darlehen infrage kommt. Die Zuschüsse können Sie auch nutzen, indem Sie völlig losgelöst von der Finanzierung ergänzend einen förderfähigen Bausparvertrag abschließen. Zu beachten ist auch, dass die Förderung nur für bestimmte Personengruppen gilt, im Wesentlichen für Angestellte und Beamte.

Steuervorteile bei Vermietung

Bei vermieteten Immobilien entstehen immer dann Steuerersparnisse, wenn die steuerlich abzugsfähigen Werbungskosten (Schuldzinsen, Bewirtschaftungskosten und Gebäudeabschreibungen) über den zu versteuernden Mieteinnahmen liegen und so ein steuerlicher Verlust aus der Vermietung entsteht. Diese negativen Einkünfte aus der Vermietung können Kapitalanleger mit positiven Einkünften (zum Beispiel aus selbständiger oder nichtselbständiger

Arbeit verrechnen) und dadurch Steuern sparen. Je höher die individuelle Steuerprogression, desto höher fällt dann auch die tatsächliche Steuerersparnis aus. Im Jahr der Anschaffung können zusätzlich die sogenannten Anschaffungsnebenkosten, wie zum Beispiel Grunderwerbsteuer und Notargebühren, als Sonderausgaben von der Steuer abgesetzt werden. Dadurch ergibt sich im Jahr des Immobilienerwerbs ein besonders hoher Steuerspareffekt.

Praxistipp 39:
Aus steuerlicher Sicht empfiehlt sich für die Erstfinanzierung von vermieteten Objekten ein hoher Fremdkapitalanteil und eine möglichst niedrige Anfangstilgung von einem Prozent oder sogar ein tilgungsfreies Darlehen sowie eine mindestens zehnjährige Zinsfestschreibung. Lassen Sie sich in jedem Fall steuerlich beraten, bevor Sie eine Immobilie zur Vermietung erwerben.

Beachten Sie bei einem eventuellen Verkauf einer vermieteten Immobilie auch unbedingt die Spekulationsfrist von zehn Jahren. Verkaufen Sie die Immobilie mit Gewinn vor Ablauf dieser Zeit, müssen Sie den Veräußerungsgewinn mit Ihrem persönlichen Steuersatz versteuern.

Zusammenfassung:

- Lassen Sie sich bei Ihrer zuständigen Stadt- oder Kreisverwaltung über mögliche Fördermöglichkeiten für selbstgenutzten Wohnraum beraten.

- Informieren Sie sich auf der Internetseite der landeseigenen Förderbank Ihres Bundeslandes (siehe Tabelle 12.1).

- Fragen Sie Ihre Hausbank oder Ihren Baufinanzierungsberater nach aktuellen Fördermöglichkeiten durch die KFW-Bank für Ihr Vorhaben.

- Prüfen Sie die Einbindung einer Riester-Förderung in Ihre Immobilienfinanzierung, insbesondere wenn Sie bereits einen Riestervertrag besparen.

- Konsultieren Sie immer einen Steuerberater, sofern Sie ein Objekt zur Vermietung kaufen möchten.

Übersicht zu diesem Kapitel:

Finanzierungsfehler Nr. 1
Seite 131

Finanzierungsfehler Nr. 2
Seite 132

Finanzierungsfehler Nr. 3
Seite 133

Finanzierungsfehler Nr. 4
Seite 134

Finanzierungsfehler Nr. 5
Seite 135

Finanzierungsfehler Nr. 6
Seite 137

Finanzierungsfehler Nr. 7
Seite 137

Finanzierungsfehler Nr. 8
Seite 138

Finanzierungsfehler Nr. 9
Seite 139

Finanzierungsfehler Nr. 10
Seite 140

Kapitel 13
Die zehn häufigsten Fehler bei der Baufinanzierung

Sie sind nun bereits wie Anna und Paul bestens gewappnet für Ihre anstehenden Finanzierungsgespräche. Dennoch möchte ich in diesem Kapitel nochmals Ihre Sinne schärfen und den Blick auf die zehn häufigsten Fehler lenken, die beim Thema Immobilienfinanzierung gemacht werden. Es sind gerade die »Knackpunkte«, die mir in über zwanzig Jahren immer wieder aufgefallen sind. Fehler bei der Planung und Konzeption einer Immobilienfinanzierung kosten eine Menge Geld. Im schlimmsten Fall kommt die gesamte Finanzierung ins Wanken und Ihre Existenz gerät in Gefahr. Bitte prüfen Sie daher nochmals in Ruhe, ob Sie zu allen genannten Punkten ausreichend Informationen haben und sich selbst darüber im Klaren sind bzw. sich in Ruhe Gedanken zu jedem einzelnen Punkt gemacht haben. Weil die Auswirkungen gravierend sind, wiederhole ich teilweise auch einige Gedanken und Ausführungen, die bereits in vorherigen Kapiteln zur Sprache kamen.

Finanzierungsfehler Nr. 1: Die Monatsrate wurde zu hoch angesetzt

Die monatlich zu zahlende Rate für den Bankkredit muss für Sie auf Dauer gut tragbar sein. Wenn Sie erfolgreich das bereits besprochene Konzept der »Finanzierung auf Probe« ausreichend lange umgesetzt haben, sollte bei der Wahl Ihres Tilgungssatzes eine für Sie angenehme Rate herauskommen, die Sie in gleicher oder ähnlicher Höhe bereits vorher »simuliert« haben. Generell ist eine hohe Rückzahlungsrate wirtschaftlich von Vorteil, da Sie zum einen Zinsen einsparen und zum anderen schneller mit der Finanzierung fertig sind. Wenn das allerdings zu Lasten Ihrer Lebensqualität geht, da

Sie Ihren gewohnten Lebensstandard zu sehr einschränken müssen, haben Sie wenig Freude in Ihrem neuen Zuhause. Im schlimmsten Fall kommen Sie an einen Punkt, ab dem Sie die Finanzierung nicht mehr zahlen können. Das gilt es unbedingt zu vermeiden. Wenn Sie keine »Finanzierung auf Probe« vorher durchführen konnten, wäre es wichtig, dass Sie vor dem Gespräch mit der Bank oder dem Finanzierungsberater ein Haushaltsbuch führen und zumindest alle Einnahmen und Ausgaben der letzten drei bis sechs Monate akribisch gegenüberstellen.

Praxistipp 40:
Entscheiden Sie sich im Zweifel lieber für eine niedrige, vertraglich festgelegte Tilgung. Sparen Sie dann freiwillig monatlich Geld an, das Sie nicht anderweitig benötigen, und machen Sie am Jahresende eine Sondertilgung. Fragen Sie immer nach, ob die Möglichkeit besteht, den Tilgungssatz während der Laufzeit des Darlehens flexibel ändern zu können.

Finanzierungsfehler Nr. 2: Die Tilgung ist zu niedrig

Auch wenn Banken vereinzelt eine anfängliche Mindesttilgung von nur einem Prozent erlauben und das natürlich zu einer höheren Kreditsumme verleitet, sollten Sie – wenn möglich – einen anfänglichen Tilgungssatz von mindestens zwei Prozent mit der Bank vereinbaren. Bei einer Tilgung von einem Prozent läuft eine Baufinanzierung oft 40 oder 50 Jahre und länger. Spätestens mit der Anschlussfinanzierung nach Ablauf der ersten Zinsbindungsperiode könnte ansonsten, sollte das Zinsniveau zwischenzeitlich deutlich gestiegen sein, die Restschuld zu einer hohen Belastung werden. Je höher die Tilgungsrate, desto schneller ist der Immobilienkredit zurückgeführt und desto niedriger fällt die Gesamtzinslast aus.

Praxistipp 41:
Wenn Ihnen anfänglich keine Tilgung von mindestens zwei Prozent möglich ist (z. B. weil aufgrund Elternzeit nur ein Gehalt zur Verfügung steht), sollten Sie auch in diesem Fall versuchen, freiwillig monatlich nicht benötigtes Geld auf einem separaten Konto anzusparen. Wenn dann am Ende des Jahres das Geld nicht zwingend anderweitig benötigt wird, sollten Sie ebenfalls konsequent eine Sondertilgung leisten. Beachten Sie bitte, dass Sie in jedem Fall das Recht auf Sondertilgung mit in den Kreditvertrag aufnehmen lassen. Wie bereits erwähnt: Die meisten Banken bieten fünf Prozent der Darlehenssumme ohne Zusatzkosten als Sondertilgungsoption an.

Finanzierungsfehler Nr. 3: Kaufnebenkosten zu niedrig angesetzt

Mit dem Kaufpreis für eine Immobilie allein ist es nicht getan. Die sogenannten Erwerbsnebenkosten schlagen zusätzlich kräftig zu Buche. Daher ist es wichtig, dass keine Position bei den Nebenkosten vergessen wird. Im dritten Kapitel haben wir über die wesentlichen Kostenpositionen gesprochen. Gehen Sie mit Ihrem Finanzierungsberater detailliert darauf ein und kalkulieren Sie vorsichtig. In diesem Zusammenhang möchte ich Sie im nächsten Praxistipp noch auf einen beliebten Fehler aufmerksam machen, den Sie bei der Berechnung der Grunderwerbsteuer unbedingt vermeiden sollten.

Praxistipp 42:
Häufig werden Inventargegenstände (Küche, Möbel etc.) im Kaufvertrag separat ausgewiesen. Dann fällt auf den so ausgewiesenen Inventarwert keine Grunderwerbsteuer an. Aber: Besprechen Sie in jedem Fall *vorher* mit Ihrem Finanzierungsberater oder der Bank, ob dies in Ihrem individuellen Fall *ohne Nachteil* möglich ist. Denn die Bank setzt dann später auch den Wert der Immobilie niedriger an, wenn sie bei Beantragung der Finanzierung nicht über diesen Punkt (Inventarwert) informiert wurde! Das könnte dazu führen, dass sich nachträglich Ihre Zinskonditionen erhöhen und Sie somit ein Mehrfaches der ersparten Grunderwerbsteuer in Form von Zinskosten draufzahlen müssen!

Finanzierungsfehler Nr. 4: Keinen Zinsvergleich durchgeführt

Wer blind dem Angebot der Hausbank vertraut und sich keine weiteren Zinsangebote einholt, läuft Gefahr, einen zu hohen Zinssatz zu akzeptieren. Am meisten Geld verschenken daher Bauherren und Kreditnehmer, wenn sie bei ihrer Finanzierung keine weiteren Angebote einholen. In jedem Fall sollten Sie zusätzlich zu Ihrer Hausbank noch mindestens ein, besser zwei zusätzliche Angebote einholen. Ein Kreditvergleich lohnt sich fast immer und kostet Sie nichts. Sie können also nur profitieren und dadurch bares Geld sparen. Im Idealfall schalten Sie einen ungebundenen Finanzierungsvermittler, wie *Dr. Klein*, *Interhyp* oder *Baufi24*, ein. Hier können Sie sicher sein, dass aus einer großen Anzahl verfügbarer Zinsangebote die für Sie attraktivsten herausgefiltert werden. Selbst kleine Zinsunterschiede führen auf lange Sicht zu einer satten Zinsersparnis oder erheblichen Mehrkosten. Schon zwei Zehntel der Prozentpunkte machen bei einem Darlehen von 300.000 Euro mit 20 Jahren Zinsbindung und einer Monatsrate von 1.400 Euro einen

Betrag zwischen 10.000 und 15.000 Euro aus. Wer durch den Vergleich ein halbes Prozent Zinsen im Jahr weniger zahlen muss, spart sogar deutlich mehr. Schließlich geht es um große Darlehensbeträge und einen langen Finanzierungszeitraum. Daher haben schon kleine Unterschiede beim Zinssatz enorme Auswirkungen auf die Zinskosten.

Praxistipp 43:
Achten Sie darauf, dass Sie immer die gleichen Eckdaten Ihrer Finanzierung im Hinblick auf Eigenkapital, gewünschte Zinsfestschreibung, Höhe der Rate etc. angeben. Nur dann erhalten Sie aussagekräftige Angebote und vermeiden, »Äpfel mit Birnen« zu vergleichen.

Lassen Sie sich in jedem Fall einen Zins- und Tilgungsplan mit Angabe des **Gesamtzinsaufwandes** aushändigen. Das Angebot mit den niedrigsten Zinskosten – bei ansonsten gleichen Parametern – ist das für Sie vorteilhafteste Angebot. Wenn Sie unsicher beim Vergleich sind, ziehen Sie einen Fachmann zu Rate, der Sie beim Vergleichen der Angebote unterstützt.

Finanzierungsfehler Nr. 5: Eigenleistung wird überschätzt

Als so genannte »Muskelhypothek« werden alle Arbeiten beim Hausbau oder einer Renovierung bezeichnet, die vom Bauherrn oder Immobilienerwerber in Eigenleistung selbst ausgeführt werden. Dazu zählen nicht nur Arbeiten, die Sie selbst in Eigenregie erbringen, sondern auch Leistungen, die von Familienmitgliedern oder Freunden übernommen werden. Es werden dadurch hohe Lohnkosten für Handwerksdienstleistungen eingespart und es lassen sich oftmals mehrere Tausend Euro einsparen. Finanzieren Sie Ihren Hausbau, können Sie mit den Eigenleistungen zudem einen Teil des Eigenkapitals ersetzen. Bestenfalls erhalten Sie somit auch einen günstigeren Sollzinssatz für Ihr Darlehen. Die Eigenleistung wird von den Banken als Eigenkapital anerkannt und kann somit die Baukosten als auch die Kosten für die Immobilienfinanzierung reduzieren. In der Praxis sieht es aber häufig nicht immer so rosig aus: Ich habe in meinem Berufsleben sehr viele Kunden im Neubausegment begleitet. Hier ist es leider immer wieder zu »Finanzierungslücken« gekommen, da die Bauherren die zu erbringende Eigenleistung zu optimistisch geplant haben, denn: Wer selbst mit anpackt oder Helfer aus dem Freundeskreis oder der Familie einbindet, kann beim Bau seines Hauses wie erwähnt viel Geld sparen. Aber: Viele *überschätzen* allerdings die mögliche Ersparnis und *unterschätzen* den Aufwand. Bei einem Einfamilienhaus lassen sich Einsparungen bis zu 20.000 Euro und mehr realisieren. Nach einer Berechnung des *Verbandes privater Bauherren* (VPB) sind dafür allerdings zwischen 400 und 500 Stunden an Arbeitsleistung notwendig. Für die meisten dürfte das neben dem Beruf nicht zu leisten sein.

Praxistipp 44:
Bauherren sollten mit einem Bausachverständigen oder einem Fachmann klären, welche Eigenleistungen realistisch sind. Auch sollten Sie vorsichtig bei Zusagen aus dem Familien- oder Bekanntenkreis sein. Leider kommt es immer wieder dazu, dass im Ernstfall die Helfer ausfallen bzw. die zugesagte Arbeitsleistung nicht erbringen. Daher gilt auch bei dem Thema Eigenleistung: Planen Sie vorsichtig und freuen Sie sich, wenn es nachher besser läuft als erwartet.

Finanzierungsfehler Nr. 6: Keine Sondertilgungsmöglichkeit vereinbart!

Man sollte immer die Möglichkeit haben, freiwillige Sondertilgungen während der Laufzeit vornehmen zu können. Oft sind es Bausparverträge, die irgendwann während der Darlehensrückzahlung zuteilungsreif werden und dann als Sondertilgung eingesetzt werden können. Manchmal ergeben sich auch unverhofft finanzielle Spielräume, wie zum Beispiel eine Steuerrückerstattung oder eine Bonuszahlung des Arbeitgebers. Nur wenn es vertraglich geregelt ist, können Sie sich eine Sondertilgung auch leisten. Wurde dies nicht ausdrücklich vereinbart, ist in der Regel keine Sondertilgung möglich. Normalerweise beträgt die maximale Höhe der jährlichen Sondertilgung fünf Prozent des aufgenommenen Darlehensbetrages. Auf Nachfrage lassen sich in Einzelfällen auch zehn Prozent oder mehr mit der Bank verhandeln, und zwar ohne Mehrkosten.

Praxistipp 45:
Nachdem Sie den Kreditvertrag (der auf jeden Fall eine Sondertilgungsmöglichkeit für Sie beinhalten sollte) unterschrieben haben, fragen Sie bei der Bank nach, ob die Sondertilgung nur zu einem bestimmten **Stichtag** möglich ist oder im Laufe des Jahres frei von Ihnen gewählt werden kann. Fragen Sie auch nach, ob Sie nur ein Mal pro Jahr eine Sondertilgung leisten können oder ob Sie dies mehrfach im Jahr nutzen dürfen, solange Sie den festgelegten Betrag pro Jahr nicht überschreiten.

Finanzierungsfehler Nr. 7: Schlechte Kreditinformationen

Um Finanzierungsangebote sinnvoll miteinander vergleichen zu können, ist es wichtig, dass Sie aussagekräftige Finanzierungsangebote ausgehändigt bekommen. Damit die Angebote vergleichbar sind, müssen die Unterlagen eine verständliche Übersicht über alle Eckpunkte einer Baufinanzierung geben: Wie lange läuft die Finanzierung, wie hoch ist die Restschuld nach Ablauf der Zinsbindung etc.?

Es sollte in jedem Fall auch ein Tilgungsplan enthalten sein, aus welchem Sie den gesamten **Zinsaufwand** über die komplette Laufzeit der Finanzierung entnehmen können. Denn, wie bereits erwähnt, ist die entscheidende Zahl die Summe der gesamten Zinsen, die Sie bis zur Rückzahlung des Darlehens an die Bank gezahlt haben.

Praxistipp 46:
Viele Banken und Vermittler legen für die Erstellung einen fiktiven Zinssatz für die Anschlussfinanzierung zugrunde. Niemand weiß heute, wie sich die Zinsen in fünf oder zehn Jahren entwickelt haben. Wenn Sie allerdings Finanzierungsangebote verschiedener Banken sinnvoll miteinander vergleichen wollen, achten Sie darauf, dass der kalkulatorische Zinssatz für die Anschlussfinanzierung in allen Angeboten *identisch* gewählt wurde. Bitten Sie im Zweifelsfall um eine erneute Zusendung des Finanzierungsangebotes mit dem für Sie passenden Wert.

Finanzierungsfehler Nr. 8: Keine Risikoabsicherung

Viele Kunden sind glücklich, wenn die Baufinanzierung und der Immobilienerwerb abgeschlossen sind und der Einzug in das neue Zuhause erfolgt ist. Vielen ist allerdings nicht bewusst, dass mit der Auszahlung des Darlehens nun eine hohe Verbindlichkeit bei der Bank besteht. Daher ist es zwingend notwendig, dieses Risiko entsprechend abzusichern. Hierzu gehört in jedem Fall eine

Versicherung für den Todesfall. Wichtig ist, dass eine Absicherung für beide Darlehensnehmer vorgenommen wird. Auch über eine Absicherung der Arbeitskraft, um das Risiko bei einer eventuellen Berufsunfähigkeit zu reduzieren, sollten Darlehensnehmer nachdenken und Rat einholen. Insbesondere die wichtigste Versicherung im Rahmen einer Immobilienfinanzierung, die Risikoabsicherung für den Todesfall, ist vom Beitrag her überschaubar. Es wäre fatal, wenn neben dem Verlust des Partners im Fall der Fälle auch noch der Verlust der Immobilie hinzukäme. Lassen Sie sich daher bitte unbedingt zu diesem wichtigen Punkt von einem Versicherungsexperten beraten, der Ihnen Angebote von verschiedenen Gesellschaften zum Vergleich vorlegen kann.

Finanzierungsfehler Nr. 9: Anschlussfinanzierung zu spät

Die Anschlussfinanzierung wird häufig aus der Unwissenheit heraus zu spät angegangen. Darlehensnehmer bringen sich dadurch unnötig unter Zugzwang und vergeben so Chancen auf optimale Konditionen. Im Zweifel wird dann der laufende Kredit bei der gleichen Bank zu unattraktiven Konditionen verlängert – ohne Prüfung von Alternativen bzw. Einholung mehrerer Bankangebote. Mit einem guten zeitlichen Vorlauf und entsprechender Planung lässt sich das Thema vergleichsweise entspannt angehen.

Praxistipp 47:
Sie können bereits bis zu fünf Jahre vor Ablauf Ihrer vertraglichen Zinsbindung ein Forward-Darlehen abschließen. Sie sollten daher mindestens einmal im Jahr mit Ihrem Finanzierungsberater darüber sprechen, ob bzw. zu welchem Zeitpunkt der Abschluss eines Forward-Darlehens sinnvoll ist.

Finanzierungsfehler Nr. 10: Unterschätzung der laufenden Kosten

Beim Schritt aus der Miete in die eigenen vier Wände wird oft ein Fehler mit langwierigen negativen Auswirkungen begangen. Genau wie bisher haben Sie auch im Eigentum zusätzlich zur Bankrate die monatlichen Nebenkosten zu zahlen. Diese fallen in der Regel um einiges höher aus, als Sie es bisher gewohnt waren. Daher ist es wichtig, sich genau zu informieren, mit welchen Kosten Sie zukünftig kalkulieren müssen. Diese Informationen benötigen Sie auch, um Ihre Finanzierungsrate realistisch einschätzen zu können.

Praxistipp 48:
Wenn Sie eine bestehende Immobilie kaufen, lassen Sie sich vom bisherigen Eigentümer genaue Informationen über die monatlichen Nebenkosten geben (Heizkosten, Gebäudeversicherung, Grundsteuer, Wasser- und Abwassergebühren etc.). Die Kosten sind auch abhängig von der Anzahl der Personen im Haushalt, aber Sie erhalten zumindest einen groben Richtwert. Bei Neubauvorhaben lassen Sie sich vom Hausanbieter möglichst genaue Informationen zu den Energiekosten geben. Wie immer gilt auch hier: Planen Sie einen großzügigen Puffer bei den monatlichen Nebenkosten mit ein.

Zusammenfassung:

- **Besprechen Sie alle im Kapitel erwähnten möglichen Fehler ausführlich mit Ihrem Bank- oder Finanzierungsberater.**

- **Nur wenn alle für Sie relevanten Punkte geklärt sind, sollten Sie einen Kreditvertrag unterschreiben**

Übersicht zu diesem Kapitel:

Der Notar

Seite 143

Ihr gesetzlich vorgeschriebenes Widerrufsrecht

Seite 144

Kapitel 14
Der Immobilienkauf und die Übergabe

Wenn nun endlich alles sprichwörtlich in »trockenen Tüchern«, also das passende Objekt gefunden ist, die Vertragsverhandlungen mit Käufer und/oder Makler positiv abgeschlossen sind und nicht zuletzt auch die passende Finanzierung ausverhandelt und abgeschlossen ist, kann es zum finalen Abschluss des Projektes Hauskauf gehen.

Anna und Paul freuen sich, dass sie eine passende Finanzierung gefunden und abgeschlossen haben. Nun sind beide schon sehr aufgeregt, denn es folgt der nächste wichtige Termin zum Kauf der Immobilie.

An dieser Stelle greift nun ein weiterer Akteur ins Spiel ein: **der Notar**. Er sorgt für die gesamte und vor allem rechtssichere Abwicklung des Vertragsabschlusses, also für den Kauf der Wohnung oder des Hauses. Nachdem Sie den Entwurf des Kaufvertrags vorab gründlich geprüft haben, wird ein gemeinsamer Termin mit dem Verkäufer und gegebenenfalls dem Immobilienmakler vereinbart. Der Notar beurkundet, natürlich im Rahmen des gesetzlich möglichen und zulässigen, lediglich das, was die Vertragspartner zuvor ausgehandelt haben. Dazu zählen nicht nur das konkrete Objekt und dessen verhandelter Kaufpreis, sondern auch so wichtige Punkte wie Angaben zum Zustand des Objekts, also bekannte Mängel und Schäden, aber auch Angaben dazu, wie mit nachträglich zutage tretenden (also vorher nicht bekannten) oder vom Verkäufer wissentlich verschwiegenen Mängeln umzugehen ist. Im Notartermin erfolgt die nochmalige Verlesung des Vertrages und anschließend das Unterschreiben durch die beiden Vertragspartner. Nach erfolgreichem Vertragsabschluss veranlasst der Notar die Eintragung des neuen Eigentümers in das Grundbuch.

Praxistipp 49:
Achten Sie bitte unbedingt darauf, dass zwischen der schriftlichen und damit verbindlichen Finanzierungszusage der Bank und dem Notartermin *nicht mehr als 14 Tage* liegen. Dies ist für den seltenen Fall wichtig, dass der Notartermin platzt und es nicht zum Abschluss kommt, da es sich der Verkäufer anders überlegt hat. So vermeiden Sie es, auf dem Darlehensvertrag sitzenzubleiben oder für die Rückabwicklung der Finanzierung Strafzinsen zahlen zu müssen, denn Sie haben bei jeder vertraglich unterschriebenen Immobilienfinanzierung ein 14-tägiges gesetzlich vorgeschriebenes Rücktrittsrecht!

Zusammenfassung:

- **Lassen Sie sich den Entwurf des Kaufvertrages mindestens eine, besser zwei Wochen vor dem Notartermin zur Durchsicht aushändigen.**

- **Lesen Sie den Vertrag sorgfältig durch und notieren Sie alle Fragen, die Sie hierzu haben.**

- **Klären Sie alle offenen Fragen vorab mit dem Notar, Verkäufer oder Finanzierungsberater.**

- **Der Notartermin zum Erwerb Ihrer Immobilie sollte immer innerhalb der zweiwöchigen Widerrufsfrist Ihres Kreditvertrages liegen.**

Übersicht zu diesem Kapitel:

Gebäudeversicherung

Seite 147

Risikolebensversicherung

Seite 148

Wichtige Versicherungen bei Neubauvorhaben

Seite 149

Weitere Versicherungen

Seite 149

Kapitel 15

Notwendige Versicherungen im Rahmen der Baufinanzierung

Versicherungen gegen Risiken jeder Art sind bei den Deutschen sehr beliebt. Da sich hier auch gutes Geld verdienen lässt, gibt es mittlerweile fast für jedes denkbare Risiko eine Absicherung. Manche sind unerlässlich, andere empfehlenswert und eine große Anzahl an Versicherungen ist überflüssig.

Anna und Paul sind glücklich, dass beim Notartermin alles unter Dach und Fach gebracht wurde. Nun sitzen die beiden wieder bei mir in der Beratung, um sich über das wichtige Thema der Absicherung zu informieren. Hier spreche ich mit den beiden über die aus meiner Sicht notwendigen Versicherungen im Zusammenhang mit einer Baufinanzierung. Die beiden erhalten die im Folgenden genannten Informationen verbunden mit dem Tipp, sich mit einem ungebundenen Versicherungsmakler zu diesem Thema in Verbindung zu setzen und sich Angebote einzuholen. Wie bei der Immobilienfinanzierung ist auch hier der Vergleich verschiedener Gesellschaften mit hohem Einsparpotential verbunden.

Gebäudeversicherung

Die Gebäudeversicherung ist absolut sinnvoll und notwendig, denn hier sichert man eine Immobilie gegen Feuer-, Wasser-, Blitz- und Sturmschäden ab. Bei Neubauten ist auch eine Rohbauversicherung eingeschlossen. Die Banken fordern im Zusammenhang mit der Kreditvergabe die Absicherung der Immobilie. Auch für Sie sollte die oftmals größte Investition im Leben gut abgesichert sein.

Praxistipp 50:
Schauen Sie bei dieser Versicherung nicht in erster Linie auf den günstigsten Beitrag, sondern auf das beste **Leistungspaket**. Im Fall der Fälle haben Sie dann das gute Gefühl, nicht auf einem entstandenen Schaden sitzenzubleiben und es erfolgt eine zügige Regulierung.

Risikolebensversicherung

Diese Versicherung ist aus meiner Sicht ein zwingend notwendiges Produkt und sollte mindestens in Höhe der aufgenommenen Darlehensmittel abgeschlossen werden. Hierdurch wird nicht nur die Bank abgesichert, sondern in erster Linie Sie und Ihre Familie.

Praxistipp 51:
Lassen Sie sich den Beitrag auf Basis einer **linear fallenden Versicherungssumme** und einer **konstanten Absicherung** berechnen. Gegenüber der konstanten Versicherungssumme lässt sich bei erstgenannter Variante monatlich eine Einsparung erzielen, denn: Das Risiko nimmt bei einer Baufinanzierung Jahr für Jahr durch die Tilgung des Darlehens ab. Dadurch ist es dann auch vertretbar, dass sich der Versicherungsschutz jährlich um einen bestimmten Betrag reduziert, wenn der Beitrag einer konstanten Absicherung für Sie zu hoch sein sollte.

Für den unglücklichen Fall, dass einer der Darlehensnehmer verstirbt (Krankheit, Unfall etc.), wird die Familie vor einem finanziellen Desaster bewahrt. Ohne Absicherung ist es in der Regel für den Partner nicht möglich, die Finanzierung allein zu stemmen. Neben dem schmerzlichen Verlust des Partners läuft man Gefahr, auch die Immobilie und somit das eigene Dach über dem Kopf zu verlieren. Das Preis-Leistungs-Verhältnis ist bei einer Risikolebensversicherung als sehr gut zu bezeichnen, denn hier können Sie mit einem sehr überschaubaren monatlichen Beitrag einen hohen Versicherungsschutz erhalten.

Wichtige Versicherungen bei Neubauvorhaben

Bei Neubauvorhaben ist in jedem Fall eine **Bauherrenhaftpflichtversicherung** zu empfehlen. Personen- und Sachschäden durch das Verhalten von Personen am Bau sind im Regelfall nicht durch die normale Haftpflichtversicherung abgedeckt. Da die Schadenssummen beim Bau schnell in die Höhe schießen können, ist diese Versicherung für den Neubau unverzichtbar. Auch eine **Bauherrenrechtsschutzversicherung** ist sinnvoll. Denn sollte es zu Mängeln oder Streitfragen mit dem Anbieter kommen, sind Sie für einen Rechtsstreit abgesichert. Zu beachten ist, dass Sie diese Versicherung vor dem ersten Spatenstich bzw. Vertragsabschluss mit dem Hausanbieter bzw. Bauträger abschließen müssen.

Weitere Versicherungen

Die oben genannten Versicherungen halte ich für absolut notwendig und empfehle diese auch allen Kunden in meiner Beratungspraxis. Sonstige Versicherungen, wie z. B. ...

- Die Bauleistungsversicherung oder
- Die Hausratversicherung

... können ebenfalls in bestimmten Situationen gute Dienste leisten, sind aber nach meiner Erfahrung nicht zwingend notwendig, da nicht existenzgefährdend.

Anna und Paul haben nach ihrem Gespräch mit einem Versicherungsmakler ein gutes Gefühl und die notwendigen Versicherungen rechtzeitig *vor Auszahlung der Kreditsumme* abgeschlossen. Gehen auch Sie bitte so vor, denn ich habe schon Fälle im Kollegenkreis erlebt, bei denen es zum Todesfall durch einen Unfall gekommen ist und die Hinterbliebenen nicht nur auf einem Schuldenberg zurückgeblieben sind, sondern auch noch ihr Zuhause neben dem schmerzlichen Verlust eines geliebten Menschen verloren haben.

Zusammenfassung:

- **Besprechen Sie mit einem Versicherungsexperten alle im Kapitel aufgeführten Versicherungen und deren individuelle Notwendigkeit für Ihr Vorhaben.**

- **Bei der Versicherung Ihrer Immobilie geht Leistung immer vor Preis (es handelt sich um Ihren größten Vermögenswert!).**

- **Eine Absicherung für den Todesfall ist zwingend geboten!**

- **Vergleichen Sie Angebote und sprechen Sie auch mit einem ungebundenen Versicherungsfachmann (Makler).**

Übersicht zu diesem Kapitel:

Kündigungsrecht nach BGB

Seite 153

Sonderkündigungsrecht bei Verkauf der Immobilie

Seite 154

Flexible Kündigungsoption

Seite 155

Kapitel 16

Aus Krediten aussteigen

Wenn ein Darlehen bereits einige Jahre am Laufen ist, kann es sein, dass sich die Lebensplanung bei Ihnen geändert hat oder es andere Gründe gibt, um eine Finanzierung beenden zu wollen. Es bieten sich verschiedene Möglichkeiten an, um aus einem Immobilienkredit auszusteigen. Unser junges Paar, Anna und Paul, haben sich, wie bereits geschildert, für eine lange Zinsbindung von 20 Jahren entschieden. Eine Frage der beiden war, ob es auch Möglichkeiten gibt, vorzeitig aus dem Kreditvertrag herauszukommen – im Fall der Fälle. Lassen Sie uns daher gemeinsam im Folgenden auf die möglichen Optionen schauen.

Kündigungsrecht nach BGB

Auch wenn Sie eine Zinsfestschreibung von 15 Jahren oder länger mit der Bank vereinbart haben, besteht die Möglichkeit, **nach Ablauf von zehn Jahren** – unter Einhaltung einer Kündigungsfrist – vorzeitig aus dem Darlehen auszusteigen (Sonderkündigungsrecht gem. § 609a BGB). Dies könnte z. B. sinnvoll sein, wenn nach zehn Jahren der Zinssatz niedriger ist als bei Abschluss des Darlehensvertrages. Die Bank wird allerdings nicht von sich aus aktiv auf Sie zukommen, sondern Sie müssen hier eigenständig die notwendigen Schritte einleiten. Sie können dann das Darlehen komplett zurückzahlen oder umschulden, ohne eine Entschädigung an die Bank zahlen zu müssen. Die zehn Jahre zählen nicht ab Unterschrift, sondern ab Vollauszahlung des Darlehens. Zu beachten ist, dass eine Kündigungsfrist von sechs Monaten greift.

Beispiel:

Ein Kredit wurde am 14.3.2015 vollständig von der Bank ausgezahlt, d. h. der Kaufpreis der Immobilie wurde an diesem Tag beglichen. Dieses Darlehen ist dann zum 15.3.2025 kündbar, effektiv also zum 15.9.2025 unter Einbeziehung der sechsmonatigen Kündigungsfrist.

Sonderkündigungsrecht bei Verkauf der Immobilie

Grundsätzlich dürfen Sie vor Ablauf der zehn Jahre nicht aus einem Immobiliendarlehen aussteigen, es sei denn, Sie haben vertraglich eine kürzere Zinsbindung explizit vereinbart (z. B. Zinsbindung von fünf Jahren). Sollten Sie sich allerdings zum Verkauf der Immobilie vor Ablauf der Zinsbindung entscheiden, so hat der Gesetzgeber festgelegt, dass die Bank Sie in diesem Fall vorzeitig aus dem Kreditvertrag entlassen muss. Ansonsten wäre ein Verkauf der Immobilie nicht möglich. In diesem Fall ist die Bank allerdings berechtigt, von Ihnen eine sogenannte **Vorfälligkeitsentschädigung** zu verlangen. Hier müssen Sie der Bank die entgangenen Zinseinkünfte erstatten. Dafür gibt es eine einheitliche Berechnungsmethode, nach der die Bank die sogenannte Vorfälligkeitsentschädigung berechnen muss. Auf Anforderung wird Ihnen die Bank vor dem geplanten Verkauf diese Berechnung und Aufstellung zur Verfügung stellen.

Praxistipp 52:
In einigen Fällen berechnet die Bank leider den Betrag zu hoch und somit zu Ihrem Nachteil. Daher empfehle ich Ihnen dringend, die Berechnung einer unabhängigen Stelle zur Prüfung vorzulegen (z. B. Verbraucherzentrale, Anwalt). Die geringe Gebühr, die hierfür anfällt, ist gut investiert und kann im Fall der Fälle zu einer Ersparnis von bis zu mehreren Tausend Euro führen.

Flexible Kündigungsoption

Manche Banken bieten gegen einen Zinsaufschlag Immobilienkredite an, bei denen der Kunde den Kredit jederzeit ohne Zahlung einer Vorfälligkeitsentschädigung komplett zurückzahlen kann. Für ein solches Sonderkündigungsrecht wird allerdings ein deutlich höherer Zins verlangt. Daher sollten Sie diese Möglichkeit nur in Betracht ziehen, wenn es hierfür triftige Gründe gibt, wie z. B. eine hohe Wahrscheinlichkeit eines beruflichen Umzuges oder eine in naher Zukunft zu erwartende hohe Geldsumme (Erbschaft, Schenkung etc.).

Praxistipp 53:
Manche Banken, wie z. B. die *ING*, bieten besonders kundenfreundliche Sonderregelungen für den Fall der Fälle an. So kann zum Beispiel im Todesfall (Partner verstirbt) oder der Erwerbsunfähigkeit die Immobilie verkauft werden und das Darlehen ohne Kosten zurückgezahlt werden. Fragen Sie aktiv nach solchen Möglichkeiten. Auch bei Ihrer Hausbank!

Zusammenfassung:

- **Prüfen Sie spätestens nach Ablauf von zehn Jahren, ob eine vorzeitige Kündigung Ihres Kreditvertrages durch das Ihnen eingeräumte Sonderkündigungsrecht nach BGB sinnvoll ist.**

- **Fordern Sie beim geplanten Verkauf Ihrer Immobilie bei der finanzierenden Bank eine Berechnung über die Höhe der Vorfälligkeitsentschädigung an.**

- **Lassen Sie diese Berechnung immer von einem Anwalt oder einer Verbraucherschutzorganisation überprüfen.**

Übersicht zu diesem Kapitel:

Vorteile der Modernisierung

Seite 159

Anforderungen des Gesetzgebers

Seite 161

Kapitel 17
Wie erhalte ich den Wert meiner Immobilie?

Ein eigenes Haus bzw. eine eigene Wohnung ist, wie bereits erwähnt, sehr häufig die größte Investition im Leben vieler Menschen. Damit der Wert erhalten bleibt, ist eine regelmäßige Pflege und Instandhaltung unbedingt notwendig. Eigentümer sollten daher von Zeit zu Zeit renovieren, Schäden ausbessern und die Haustechnik erneuern. Auch Modernisierungen sind hin und wieder notwendig, so z. B. ein neuer Anstrich oder neue Tapeten.

Vorteile der Modernisierung

All diese Maßnahmen kosten einerseits immer Geld, doch unter dem Strich bringen kontinuierliche Pflege- und Modernisierungsarbeiten große Vorteile: Sie erhöhen die Lebensqualität der Bewohner und mindern unter Umständen auch die Verbraucherkosten (z. B. neue Heizungsanlage oder eine bessere Dämmung der Gebäudehülle). Darüber hinaus gewinnen Objekte, die energetisch saniert werden und somit auf dem neuesten Stand der Technik sind, deutlich an Wert. Bei Neubauten fallen größere Reparaturen normalerweise erst nach zehn bis 15 Jahren an. Zunächst sind es oftmals ein neuer Anstrich, der Austausch von Armaturen und kleinere Verschönerungsarbeiten. Zu einem späteren Zeitpunkt fallen dann oft kostenintensivere Maßnahmen, wie z.B. der Austausch der Heizung oder ein neues Dach, an. Bei älteren Objekten können notwendige Sanierungen bereits deutlich früher anfallen und der Aufwand kann auch höher ausfallen. Wenn Heizung, Elektrik sowie Strom- und Wasserleitungen erneuert werden müssen, sollte immer geprüft werden, ob sich in diesem Fall nicht eine umfassende Kernsanierung lohnt. Diese ist meistens nur unwesentlich teurer, das Objekt kann dadurch aber unter Einbindung staatlicher Förderungen insgesamt auf den neuesten Stand gebracht werden.

Praxistipp 54:
Beginnen Sie bereits ab dem Moment des Einzugs mit der *Bildung von Rücklagen.* Idealerweise nutzen Sie einen bestehenden Bausparvertrag oder schließen einen ab, sofern noch nicht geschehen. Dann richten Sie einen Dauerauftrag ein und zahlen monatlich einen bestimmten Betrag ein. Als Richtwert sollten Sie mindestens ein (besser zwei) Euro pro Quadratmeter Wohnfläche kalkulieren.

Grundsätzlich ist es empfehlenswert, anstehende Reparaturen nicht warten zu lassen. Das verursacht nur höhere Kosten, denn der Sanierungsaufwand steigt mit der Größe des Schadens. Um Modernisierungen frühzeitig planen zu können, sollte man wissen, in welchem zeitlichen Abstand Erhaltungsinvestitionen anfallen und mit welchen Kosten man hierfür in etwa kalkulieren muss. Wer unsicher ist, sollte sich den Rat von Experten einholen oder einen Immobilienprofi konsultieren. Als grobe Orientierung dient die folgende Übersicht:

Gewerk	Zeitspanne	Kostenschätzung (je nach Größe)
Außenanstrich	Alle 10-20 Jahre	8.000 bis 15.000 EUR
Küche	Alle 10-15 Jahre	7.500 bis 20.000 EUR
Bäder, Sanitär	Alle 20-30 Jahre	5.000 bis 20.000 EUR
Heizung, Heizkörper	Alle 15-20 Jahre	15.000 bis 25.000 EUR

Fenster, Außentüren	Alle 20-30 Jahre	10.000 bis 20.000 EUR
Außenputz	Nach ca. 50 Jahren	20.000 bis 25.000 EUR
Dacherneuerung	Alle 40-50 Jahre	30.000 bis 50.000 EUR

Tabelle 17.1: Zeitplan für Modernisierungen

Bitte beachten Sie: Die anfallenden Kosten für die Durchführung einer Maßnahme können aufgrund der Größe der Immobilie und des Erhaltungszustands stark variieren. Hierbei sind eine individuelle Beratung und die Einholung von Kostenvoranschlägen erneut unabdingbar.

Anforderungen des Gesetzgebers

Aktuell plant der Gesetzgeber umfangreiche Änderungen im Hinblick auf energieeinsparende Maßnahmen: Das *Gebäudeenergiegesetz* (GEG) ist am 1. November 2020 in Kraft getreten, eine weitere Änderung erfolgte zum 1. Januar 2023. Das GEG enthält Vorgaben an die energetische Qualität und Ausstattung von Gebäuden, die Erstellung und die Verwendung von Energieausweisen sowie an den Einsatz bzw. Anteil erneuerbarer Energien in Gebäuden.

Was bedeutet das nun konkret für Immobilienbesitzer?

Wer ein unsaniertes Ein- oder Zweifamilienhaus erwirbt bzw. erworben hat, muss als Neueigentümer innerhalb von zwei Jahren den Sanierungspflichten aus dem GEG nachkommen. Aber auch für langjährige Immobilienbesitzer ist dieses Gesetz relevant, denn bis spätestens 2045 sollen möglicherweise alle Immobilien in Deutschland klimaneutral sein. Gerade vor dem Hintergrund der aktuellen politischen Diskussion über ein Verbot von Öl- und Gasheizungen in Verbindung mit sonstigen Auflagen zur energetischen

Sanierung sollten Sie sich immer mal wieder über aktuelle staatliche Förderungen und Zuschüsse vom Bund erkundigen. Hier wird in naher Zukunft mit Sicherheit noch das ein oder andere attraktive Förderprogramm aufgelegt werden, um die von der Regierung umfangreich geplanten Anforderungen an die Heiztechnik umsetzen zu können.

Bei **Eigentumswohnungen** werden notwendige Investitionen über die gemeinschaftlichen Rücklagen finanziert. In der Eigentümerversammlung beschließen die Eigentümer, wie viel monatlich in die Rücklage fließen soll. Wenn jedoch die Rücklagen für eine größere anstehende Maßnahme nicht ausreichen, kann es erforderlich sein, dass die einzelnen Wohnungseigentümer über eine Sonderumlage Geld nachschießen müssen. Je nach finanziellem Aufwand können hier einmalige Zahlungen in vier- oder sogar fünfstelliger Höhe anfallen. Über die Durchführung von Modernisierungsmaßnahmen entscheiden ebenfalls die Eigentümer per Mehrheitsbeschluss in den jährlichen Eigentümerversammlungen.

Praxistipp 55:
Lassen Sie sich vor dem Kauf einer Eigentumswohnung die Protokolle der Eigentümerversammlungen der letzten drei bis fünf Jahre zur Einsicht aushändigen. Oft werden hier größere anstehende Maßnahmen bereits erwähnt und Sie können sich entsprechend im Vorfeld darauf einstellen, wann mit welcher zusätzlichen Belastung zu rechnen ist.

Wenn absehbar ist, dass mittelfristig größere Ausgaben auf Sie zukommen, sollten Sie hierfür eine entsprechende Geldreserve separat ansparen. Auch bei einer Eigentumswohnung sind ab und an Modernisierungen und Renovierungen fällig, die nichts mit dem Gemeinschaftseigentum zu tun haben, sondern lediglich Ihre

Wohnung betreffen. Wenn Sie ein neues Badezimmer planen oder eine neue Küche eingebaut werden soll, ist es empfehlenswert, hier ebenfalls Rücklagen zu bilden.

Auch Anna und Paul haben eine Planung der durchzuführenden Modernisierungen für ihr Haus vorgenommen. Da sich das Objekt in einem guten Zustand befindet, sollen beim Einzug lediglich kleinere Verschönerungsarbeiten vorgenommen werden. Neue Tapeten und etwas Farbe sollen dem neuen Zuhause schnell einen neuen Glanz verleihen. Für umfangreichere Maßnahmen wollen die beiden gemäß meiner Empfehlung zunächst noch auf weitere staatliche Förderprogramme zur energetischen Sanierung warten, zumal die eingebaute Heizung noch tadellos ihren Dienst verrichtet.

Zusammenfassung:

- **Halten Sie Ihren Immobilienbesitz immer in einem guten Zustand und schieben Sie notwendige Renovierungen nicht auf.**

- **Prüfen Sie von Zeit zu Zeit, ob es Änderungen bei der staatlichen Förderung energetischer Maßnahmen gibt.**

- **Beginnen Sie von Anfang an, Rücklagen zu bilden und sparen Sie monatlich einen festen Betrag an.**

Übersicht zu diesem Kapitel:

Was ist meine Immobilie wert?

Seite 165

Wie erziele ich den besten Preis?

Seite 166

Kapital 18
Wie verkaufe ich meine Immobilie erfolgreich?

Es gibt viele Gründe, weshalb irgendwann eine Immobilie verkauft werden soll. Manche Kunden möchten sich vergrößern oder verkleinern, eine Trennung macht den Verkauf notwendig oder man möchte den Lebensabend im Ausland verbringen. Egal, welcher Grund zum Verkauf führt, es ergeben sich viele offene Fragen.

Was ist meine Immobilie wert?

Um einen realistischen Wert Ihrer Immobilie zu ermitteln, gibt es die Möglichkeit, einen Immobilienmakler einzubinden oder eine Online-Bewertung im Internet durchzuführen. Beide Möglichkeiten liefern einen ersten Schätzwert und können eine wertvolle Orientierungshilfe sein. Online-Bewertungen sind nach meiner Erfahrung immer mit Vorsicht zu genießen. Hier kann ein Makler weitaus mehr bieten, denn: Der Makler kennt durch seine täglichen Berührungspunkte wie kaum ein anderer den Immobilienmarkt und kann dank seiner Erfahrungen eine Immobilie objektiv bewerten. Eine realistische Berechnung des Hauswertes wiederum gibt Ihnen die Sicherheit, Ihre Immobilie nicht zu günstig zu verkaufen. Viele Makler bieten eine Immobilienbewertung kostenlos an, sofern Sie den anschließenden Verkauf über diesen durchführen. Damit fallen für Sie dann nur die obligatorischen Maklergebühren für den Hausverkauf an.

Wenn es allerdings darum geht, einen objektiven Wert zu erhalten (z. B. im Rahmen einer Erbauseinandersetzung oder bei einer Scheidung) ist die Einbindung eines vereidigten Gutachters empfehlenswert. Dieser schaut sich Ihre Immobilie genau an und erstellt Ihnen dann entweder ein Kurzgutachten, das durch eine vorherige Hausbegehung genau auf Ihr Haus zugeschnitten ist, oder ein ausführliches und rechtssicheres Wertgutachten, das auch vor Gericht verwendet werden kann.

Wie erziele ich den besten Preis?

Nicht immer ist der Immobilienwert auch genau der Preis, den Sie bei einem Verkauf bekommen. Bei einer Hauswertberechnung wird der Verkehrswert bestimmt, also das, was Ihre Immobilie objektiv wert ist. Ob Sie diesen Preis dann auch erhalten, hängt vor allem von der Situation am Immobilienmarkt ab: Wie hoch ist aktuell das Angebot an gleichwertigen Immobilien und wie groß ist die Nachfrage danach? Eine professionelle Immobilienbewertung berücksichtigt auch diese Komponente und bezieht sie in die Berechnung ein. So erhalten Sie einen Immobilienwert, der zum einen realistisch ist und zum anderen einen optimalen Verkaufsprozess unterstützt.

Ich rate meinen Kunden immer dazu, beim Verkauf der Immobilie einen Immobilienmakler einzubinden. Bei einem Privatverkauf werden oftmals viele Fehler gemacht und daher führt dieser Weg meistens nicht zum Ziel. Viel erfolgversprechender ist es, einen Makler zu beauftragen, der einerseits eine langjährige regionale Tätigkeit aufweisen kann und andererseits durch positive Bewertungen und einen ansprechenden Internetauftritt glänzt.

Sollten Sie Unterstützung bei der Suche nach einem geeigneten Immobilienmakler benötigen, wenden Sie sich gerne direkt an mich. Durch meine jahrzehntelange berufliche Tätigkeit habe ich mir ein bundesweites Netzwerk zu überregional professionell arbeitenden Immobilienmaklern aufbauen können. Schreiben Sie eine Mail an oder rufen Sie mich einfach direkt an. Meine Kontaktdaten finden Sie zu Beginn des Buches.

Zusammenfassung:

- **Bei einem geplanten Verkauf Ihrer Immobilie sollten Sie eine neutrale Bewertung Ihrer Immobilie erstellen lassen.**

- **Ein Kurzgutachten sollte ergänzend angefertigt werden.**

- **Für den Verkauf der Immobilie empfehle ich grundsätzlich die Einbindung eines renommierten Immobilienmaklers. Vergleichen Sie und sprechen Sie vorab mit mindestens zwei oder drei Maklern.**

Übersicht zu diesem Kapitel:

Der Zeitfaktor

Seite 169

Gründe für den finanziellen Engpass

Seite 169

Kapital 19

Was tun, wenn es unvorhergesehen finanziell eng wird?

Jede Immobilienfinanzierung ist für die Darlehensnehmer mit einem finanziellen Risiko verbunden, das sich auch bei sorgfältiger und vorsichtiger Planung nicht vollständig vermeiden lässt. So gibt es unvorhersehbare Ereignisse wie z. B. Tod, Krankheit (und die damit verbundene eventuelle Berufsunfähigkeit) oder Scheidungen, die dazu führen können, dass die ursprünglich vereinbarte Kreditrate nicht mehr gezahlt werden kann. Wenn einer dieser Fälle eintritt, ist der **Zeitfaktor** besonders wichtig. Nehmen Sie umgehend mit Ihrer Bank oder Ihrem Finanzierungsberater Kontakt auf und sprechen Sie offensiv das Problem an. Es wäre fatal, wenn aufgrund mangelnder Kontodeckung die Bank die fällige Rate nicht abbuchen kann, ohne dass vorher von Ihnen Kontakt mit der Bank aufgenommen wurde. Im schlimmsten Fall kann schon nach wenigen Monaten die Zwangsversteigerung drohen, wenn Sie mehrere Monate mit den Raten im Zahlungsrückstand sind.

Es kann – wie beschrieben – viele **Gründe** geben, die zu einem finanziellen Engpass führen können. Als Erstes sollten Sie sich dann überlegen, ob es sich um eine zeitlich begrenzte Liquiditätskrise handelt (z. B. niedrigeres Einkommen aufgrund Elternzeit oder längerer Krankheit). In diesem Fall könnte man mit der Bank über eine Stundung der Rate für einige Monate oder über eine vorübergehende Reduzierung der Rate verhandeln.

Anders liegt der Fall, wenn Sie erkennen, dass Sie dauerhaft nicht mehr in der Lage sind, Ihre Finanzierungsrate zurückzuzahlen. Das ist beispielsweise bei einer Trennung der Fall. Oft ist dann der Partner, der weiterhin in der Immobilie wohnen möchte, nicht mehr in der Lage, die Kreditrate allein aufzubringen. Wenn hier keine finanzielle Entlastung durch die Eltern möglich ist (z. B. durch eine Schenkung oder eine laufende monatliche Unterstützung), sollte über einen freien Verkauf der Immobilie nachgedacht werden. Das ist in jedem Fall die bessere Lösung, als abzuwarten, bis die Bank die Zwangsversteigerung einleitet. In diesem ungünstigsten aller Fälle ist der dann erzielte Preis in aller Regel weitaus geringer als der Betrag, der mit einem geordneten Verkauf über einen Immobilienmakler erzielt werden könnte.

Wichtig: Machen Sie sich vor dem Gespräch mit der Bank oder dem Finanzierungsberater Gedanken, wie eine mögliche Lösung aussehen könnte. Wägen Sie hier alle Möglichkeiten ab und versuchen Sie, einen für Sie tragbaren Vorschlag zu machen. Das wird sicherlich sehr positiv bewertet und so erkennt die Bank, dass Sie sich mit dem Problem ernsthaft auseinandergesetzt haben. Auch die Bank hat kein Interesse an Ihrem finanziellen Scheitern, sondern ist ebenfalls an einer Lösung interessiert. Dazu muss sie allerdings auch von Ihrer Seite die nötigen Impulse wahrnehmen.

Wenn Sie selbst auf keine Lösung kommen, sollten Sie sich an kompetente Stellen, wie z. B. den Verbraucherschutz, eine Schuldnerberatung oder einen Anwalt, wenden. Vielleicht gibt es auch im Familien- oder Freundeskreis jemanden, der sich im Finanzbereich gut auskennt und Sie zum Gespräch bei der Bank begleitet. Meinen Lesern biete ich ebenfalls gerne Unterstützung an, sollte es zu einem Problem dieser Art kommen. Nehmen Sie dann gerne auch hier Kontakt zu mir auf.

Zusammenfassung:

- **Nehmen Sie umgehend mit Ihrer Bank oder Ihrem Finanzierungsberater Kontakt auf, wenn es ein Problem bei der Zahlung der fälligen Kreditrate gibt.**

- **Prüfen Sie, ob es sich um einen vorübergehenden Engpass oder um eine dauerhafte Verschlechterung Ihrer Liquidität handelt.**

- **Gehen Sie vorbereitet in das Gespräch mit der Bank, indem Sie sich vorab mögliche Lösungen für Ihr Problem überlegen.**

- **Holen Sie sich – wenn möglich – hierzu Rat bei einer Schuldnerberatung oder einem Anwalt.**

Übersicht zu diesem Kapitel:

Die Beratungsqualität
Seite 173

Ihr Recht auf Transparenz
Seite 174

Kapitel 20
Was zeichnet einen guten Baufinanzierungsberater aus?

Anna und Paul waren wie die meisten Kunden am Anfang unsicher, zu welchem Finanzierungsspezialisten Sie gehen sollten. Daher ist es wichtig, Ihnen als Leser ein paar Anregungen zu geben, wie Sie einen guten Finanzierungsberater finden und worauf Sie zu achten haben.

Die Beratungsqualität

Die Qualität in der Finanzdienstleistungsbranche wird von Verbraucherschutzorganisationen immer wieder gerügt und bemängelt. Gerade auch im Bereich der Immobilienfinanzierung schneiden viele Banken und Berater bei Testberatungen mit einem schlechten Ergebnis ab, darunter häufig die Note »mangelhaft«. Anfang 2023 wurde von der Zeitschrift *Finanztest* (gehört zur *Stiftung Warentest*, also einer unabhängigen Verbraucherschutzorganisation) wieder ein Test zur Beratungsqualität in der Immobilienfinanzierung durchgeführt. Nur vier von 19 Banken und Kreditvermittlern erreichten das Qualitätsurteil »gut«. Lediglich die *Sparda-Bank Baden-Württemberg*, die *HypoVereinsbank* sowie die beiden Finanzierungsvermittler *Interhyp* und *Dr. Klein* waren in der Lage ein »gutes« Ergebnis in der Beratungsqualität zu erreichen.[5]

Die Beratungsqualität hängt daher in erster Linie immer von der Erfahrung und der Kompetenz des Beratenden ab. Ich vergleiche die Baufinanzierung, bei der es in der Regel immer um mehrere Hunderttausend Euro Volumen geht, gerne mit einer »Operation

5 Vgl. Stiftung Warentest (Februar 2023). Zeitschrift »Finanztest«, Herausgeber und Verlag Stiftung Warentest, Berlin, Seite 54–61.

am offenen Herzen« im Gesundheitsbereich. Es macht einen Unterschied, ob Sie ein junger Chirurg mit wenig Erfahrung sind oder ein Chefarzt, der mit vielleicht 20 oder 30 Jahren Berufserfahrung operiert. Nicht die Bank bzw. das Krankenhaus ist unerfahren oder nicht kompetent genug, sondern immer der ausführende Arzt oder Berater. Ich denke, Sie können sich mit diesem Bild aus der Medizin einen guten Eindruck machen, worauf es wirklich ankommt.

Der Weg zu einer individuellen und damit maßgeschneiderten Baufinanzierung führt ausnahmslos über eine exzellente Beratungsqualität. Auch wenn ein motivierter und hervorragend ausgebildeter Bankberater den Wünschen der Kunden entsprechen möchte, scheitert dies oftmals an den Vorgaben und Rahmenbedingungen des jeweiligen Kreditinstituts. Das ist zum Beispiel der Fall, wenn ein Kunde eine Zinsbindung von 30 Jahren wünscht und der Berater dies ebenfalls so sieht, die Bank allerdings nur Darlehen mit einer maximalen Zinsbindung von 15 Jahren anbieten kann.

Ihr Recht auf Transparenz

Der Weg zu einem für den Kunden optimalen Ergebnis gelingt nur, wenn der an sich unerfahrene Kunde (in unserem Buch das sympathische Paar Anna und Paul) sein Gegenüber bestmöglich einschätzen kann. Denn der Finanzierungsberater wird Sie und Ihre finanzielle Situation auf Herz und Nieren prüfen. Das gleiche Recht steht auch Ihnen zu und von dem sollten Sie auch Gebrauch machen: Versuchen Sie, Ihren Gesprächspartner besser einzuordnen. Fragen Sie daher immer denjenigen, der Sie zu Ihrer Immobilienfinanzierung berät, über welche Qualifikationen und Ausbildungen im Finanzbereich er verfügt und wie viele Jahre er schon in der Baufinanzierungsberatung tätig ist. Das gilt unabhängig davon, ob Sie mit dem Berater einer Bank oder eines Finanzierungsvermittlers sprechen. Nutzen Sie hierzu auch gerne das Internet: Es gibt mittlerweile zahlreiche Bewertungsplattformen im Finanzierungsbereich.

Fragen Sie auch unbedingt im Freundeskreis, ob Menschen sehr gute Erfahrungen mit einem Finanzierungsberater gemacht haben. Auf eine Empfehlung können Sie sich mit einem guten Gefühl verlassen.

Wenn Sie nun einen Berater gefunden haben und das Beratungsgespräch stattgefunden hat, beachten Sie folgende Punkte. Denn Sie sollten sich nach jedem Beratungsgespräch zu Ihrer geplanten Baufinanzierung folgende Fragen stellen:

- Hat der Berater die Fragen nach Berufserfahrung und Kompetenz zu Ihrer vollen Zufriedenheit beantwortet?
- Hat sich der Berater ausreichend Zeit genommen für Ihre Fragen?
- Sind all Ihre Wünsche und Ziele mit in das Angebot eingeflossen?
- Hat der Berater Ihnen aufmerksam zugehört und haben Sie alle Komponenten des Angebots verstanden?
- Wurden Fragen zum Inhalt direkt und verständlich beantwortet?
- Wurden Zusagen eingehalten und meldet sich der Berater bei Ihnen zurück, falls Sie ihn nicht erreicht haben?

Wenn die eben angeführten Fragen in Ihrem Sinne positiv beantwortet sind, haben Sie mit hoher Wahrscheinlichkeit ausgeschlossen, dass Sie von einem Berater ohne große Kompetenz und Erfahrung beraten wurden.

Zusammenfassung:

- **Die Kompetenz und die Berufserfahrung Ihres Bank- oder Finanzierungsberaters ist entscheidend.**
- **Informieren Sie sich im Internet über vorhandene Bewertungen durch Kunden.**
- **Prüfen Sie nach jedem Gespräch, ob die Inhalte so erklärt wurden, dass Sie alles verstanden haben.**
- **Baufinanzierung ist Vertrauenssache: Sie sollten auch auf Ihr Bauchgefühl vertrauen!**

Fazit

Wir haben nun gemeinsam unser junges Paar, Anna und Paul, auf ihrer Reise in die eigenen vier Wände begleitet und ich freue mich, wenn ich Ihnen damit einen ersten Überblick über die komplexe Materie der Immobilienfinanzierung verschaffen konnte. Lassen Sie sich von den vielen Unterlagen, die Sie zusammenstellen müssen und von den Fachbegriffen und möglichen Hürden nicht entmutigen oder abschrecken. Sie werden spätestens beim Einzug in das neue Zuhause für all Ihre Mühen belohnt und können dann wie Anna und Paul am ersten Abend in den eigenen vier Wänden mit einem Glas Sekt oder Wein auf Ihr neues Glück anstoßen. Mit einem ehrlichen und kompetenten Berater an Ihrer Seite ist der Weg zum Traumhaus oder zur Traumwohnung gar nicht mehr so steinig, wie es Ihnen vielleicht am Anfang erscheinen mag.

Wie bereits erwähnt, ersetzt dieses Buch keine persönliche Beratung. Vielmehr soll es Sie mit den grundsätzlichen Informationen vorab etwas vertraut machen, sodass Ihnen die ersten Finanzierungsgespräche etwas leichter fallen. Denn jede Beratung ist so individuell wie die Menschen und das Bau- bzw. Kaufvorhaben dahinter. Mir war und ist es immer ein persönliches Anliegen, meine Kunden ehrlich und kompetent zu beraten, auch wenn die Wahrheit ab und zu etwas unerwartet ausfällt. Denn ein Finanzierungsberater trägt auch eine hohe Verantwortung für das finanzielle Wohlergehen seiner Kunden. Nur so lassen sich auch negative Überraschungen weitestgehend vermeiden. Starten Sie in Ihre Zukunft und haben Sie viel Freude auf dem Weg in die eigenen vier Wände. Selbstverständlich können Sie sich auch jederzeit an mich wenden, sollten Sie Unterstützung bei Ihrem Vorhaben benötigen. Ich berate mittlerweile – der Digitalisierung sei Dank – meine Kunden bundesweit auch online. Von daher wäre es mir eine große Freude, wenn sich unsere Wege vielleicht einmal kreuzen. In jedem Fall danke ich Ihnen herzlich, dass Sie sich die Zeit genommen haben für meinen kleinen Ratgeber zur Immobilienfinanzierung.

Ihr Autor
Oliver P. Mildenberger

Anhang

Anhang 1: Hilfreiche Webseiten zum Thema Baufinanzierung

1. Immobiliensuchportale

Immobilienscout24
https://www.immobilienscout24.de

Immowelt/Immonet
https://www.immowelt.de

Immopool
https://www.immopool.de

ThinkImmo
https://www.thinkimmo.com

Kleinanzeigen
https://www.kleinanzeigen.de

2. Unabhängige, überregionale Finanzierungsvermittler mit Filialnetz

Dr. Klein Privatkunden AG
https://www.drklein.de

Interhyp AG
https://www.interhyp.de

Baufi24
https://www.baufi24.de

3. Rechner und Tools

Zins- und Tilgungsrechner
https://www.zinsen-berechnen.de

Rechner zur Ermittlung einer Zinskondition
https://www.drklein.de/baufinanzierungsrechner

Berechnung einer Vorfälligkeitsentschädigung
https://www.drklein.de/vorfaelligkeitsrechner.html

Erbschaftssteuerrechner
https://www.biallo.de/vergleiche/recht-steuern/erbschaftssteuer/nc/

4. Internetseiten mit Informationen zur staatlichen Förderung

KFW
https://www.kfw.de/kfw.de.html

Aktion pro Eigenheim
https://www.aktion-pro-eigenheim.de/haus/foerderung/bundeslaender/

5. Zwangsversteigerungsportal

Justizportal
https://www.zvg-portal.de/

6. SCHUFA (Schutzgemeinschaft für allgemeine Kreditsicherung)

Homepage
https://www.schufa.de/

Selbstauskunft bestellen
https://www.meineschufa.de/

Anhang 2: Welche Faktoren nehmen Einfluss auf den Zinssatz

Nach wie vor ist es so, dass eine Mehrheit der Kunden sich ausschließlich am **Zinssatz** für die Baufinanzierung orientiert. Die Zinsen sind der »Preis« für geliehenes Geld der Bank.

Damit Sie einen Eindruck bekommen, welche Faktoren einen Einfluss auf Ihre endgültige Zinskondition haben, möchte ich Ihnen nachfolgend noch einen Überblick geben. Das hilft auch zu verstehen, weshalb sich die Zinssätze aus der »Google-Universität« mit den Konditionen im Darlehensvertrag oft so stark unterscheiden.

<u>Höhe der Kreditsumme</u>
Für die Bank entsteht im Rahmen einer Kreditprüfung der immer gleiche Aufwand – unabhängig von der Höhe einer beantragten Finanzierung. Daher legen die Banken eine sogenannte Mindestdarlehenssumme bei der Beantragung einer Immobilienfinanzierung fest. Diese beträgt mindestens 50.000 Euro oder bei manchen Instituten sogar 75.000 Euro. Oftmals werden für eher niedrigere Darlehenssummen kleine Zinsaufschläge verlangt. Umgekehrt gibt es für höhere Darlehen in manchen Fällen einen Zinsrabatt.

<u>Beleihungsauslauf</u>
Der Beleihungsauslauf ist einer der wichtigsten Faktoren, die den Zinssatz bestimmen. Er gibt das Verhältnis zwischen Darlehenshöhe und Beleihungswert an. Je niedriger der Beleihungsauslauf ist, desto günstiger wird der Zinssatz für die angebotene Finanzierung. Dieses Verhältnis wird umso positiver für Sie, je mehr Eigenkapital (oder Zusatzsicherheiten) eingesetzt werden. Das bedeutet, wer Eigenkapital einsetzen kann, erhält die Immobilienfinanzierung zu

besseren Konditionen, da sich das Risiko der Bank hierdurch reduziert.

Immobilienwert

Die Bank setzt normalerweise nicht einfach den Kaufpreis einer Immobilie auch als den Wert des Objekts an. Vielmehr legt sie diesen selbst nach eigenen Kriterien fest. Er hängt von der Lage und dem Zustand der Immobilie ab. Oftmals nutzen die Banken auch Vergleichsobjekte, wenn sie bereits eine ähnliche Immobilie in regionaler Nähe finanziert haben. Andernfalls bewertet ein Sachverständiger die Immobilie. Liegt der ermittelte Wert einer Immobilie deutlich unter dem zu zahlenden Kaufpreis, spricht man von einem hohen »Blankoanteil«, der das Risiko der Bank erhöht. Hierfür verlangt die Bank dann in den meisten Fällen einen zusätzlichen Aufschlag beim Darlehenszins. Es kann auch sein, dass die Bank den Einsatz von Zusatzsicherheiten und/oder mehr Eigenkapitaleinsatz fordert. Im schlimmsten Fall wird das Darlehen nicht bewilligt.

Länge der Zinsbindungsphase (Zinsfestschreibung)

Neben dem Beleihungsauslauf hat auch die Länge der Zinsbindungsphase einen Einfluss auf die Höhe der Bauzinsen. Die größere Sicherheit einer langen Zinsbindung lässt sich die Bank durch einen Aufschlag beim Zinssatz bezahlen, da sie ebenfalls höhere Refinanzierungskosten hat.

Anhang 3: Vertiefende Literatur und Buchempfehlungen zum Thema Immobilienfinanzierung

Keller, H. (2013). Praxishandbuch Baufinanzierung für Wohneigentümer, Springer Gabler, Wiesbaden.

Verbraucherzentrale NRW e.V. (2015). Die Baufinanzierung. Der beste Weg zu Haus oder Eigentumswohnung, Verbraucher-Zentrale NRW, Düsseldorf.

Hölting, M. (2008). ZDF WISO: Immobilienfinanzierung, Campus Verlag GmbH, Frankfurt/Main.

Siepe, W. (2019). Immobilienfinanzierung – Die richtige Strategie, 5. aktualisierte Auflage, Stiftung Warentest/Finanztest, Berlin.

Sartor, F. J. und Helmut Keller (2017). Wohnwirtschaftliche Immobilienfinanzierung, De Gruyter, Oldenbourg.

Kommer, G. (2010). Kaufen oder Mieten?, Campus Verlag, Frankfurt/New York.

Rennert, G. (2012). Praxisleitfaden Immobilienanschaffung und Immobilienfinanzierung, Springer-Verlag, Berlin/Heidelberg.